JN136942

ピッチ上の真実

ゲームの印象を整えるためのシン・サッカー分析術

著 橋谷英志郎（サッカーアナリスト）
構成 清水英斗

TOYOKAN BOOKS

はじめに

まず、皆さんは勝利に直結したデータ分析と聞いたとき、どんなことを思い浮かべますか？
私はアメリカ映画の『マネーボール』を思い浮かべます。
『マネーボール』では、まず野球未経験のアナリストが野球というスポーツの価値のあるプレーや生産性の高いプレーを定義します。そうした独自の評価指標を作成したうえで、そのデータ分析を通じてチームを強化し、大金を積まなくてもチームに合った最適な選手を獲得することでワールドシリーズに進出する、という実話を映画にしたものです。

私はアナリストを始めた頃に『マネーボール』をよく見ていました。勝利に直結する分析はアナリストにとって理想の姿だと思います。

スポーツのデータ分析は、アメリカのメジャースポーツを中心に、主に経営層が活用するために発展してきたとも言われていますが、チームの強化のためにデータ分析を活用する歴史はまだまだ浅く、コーチや監督がデータを活用してチームを強くするというフェーズはこれから本格的にやってくると思います。

そこで大事になるのが、データ分析への疑いやアレルギーをなくし、当たり前に必要なものとして認識することです。アナリストには、監督やコーチや選手をデータに慣れさせる役割もあると思っています。


データ分析とチーム強化や勝利につながることは机上の空論だと思われる方がまだまだ多いと感じます。確かに、人間がやっているスポーツなので私も最初はそう思っていました。

しかし、決して机上の空論ではないのです。

私たちが扱っているのは、ピッチで実際に起きた現象を数値化したものだけです。客観的な事実情報を取り扱ってるだけなのです。


スポーツのデータ分析は、ビジネスで例えるとわかりやすいと思っています。数字を取り扱わない企業はないですし、データを活用しない企業もありません。どの企業も当たり前のようにデータに向き合っています。

会社の経営層では、市場を調査し、競合の分析をしながら戦略を立てるマーケティングとして必ずデータを扱います。自分たちの現在地を数値で示し、次の施策を考えるなかでＰＤＣＡ

を回して成長していきます。

私はかつて外資系企業の法人営業をしていました。そこでも実際のデータが自分の成長をサポートしてくれました。

私が勤めていた会社では四半期ごとにターゲットが発表されて、各期でターゲットを達成していくというやり方でした。

では、ターゲット達成するための日々の行動目標をどのように決めるのか？　まさしく過去のデータを元に決めていました。

まずは自分の受注率です。勝率とも言っていましたが、たとえば、案件を発掘した総数から自分は何件受注できるチカラがあるのか？　それを知ることで私の案件発掘の目標数が決まります。

そして、次に自分の案件発掘率です。

たとえば、何件客先を訪問したら何件案件を発掘できるのか？　それがわかれば顧客訪問件数の目標が決まります。顧客訪問件数が決まり、日々の行動目標の訪問件数が決まれば、あとは目標の案件発掘数を達成させて、そこから受注につなげて四半期目標を達成していく。

勝率を上げるために重要なことは、すべて過去の実績データが教えてくれるということです。そして、それを日々の行動目標に落とし込み、あとは迷いなくやるだけ！

選手が迷いなくプレーするためにもデータが役立つのです。

サッカーは人間がやるスポーツなので、データでは測れないところはもちろん多いと思います。

データだけではジャッジしたくないと思われる方もいると思います。正解です。むしろ、データだけでジャッジしてはいけないです。

私もデータがすべてをジャッジするとは思ってはいません。

では、データ分析とは何なのか？

それは、データ分析はあくまでも過去の記録と現在地の把握から始まるということです。

最近は、データ分析をチームに取り入れたいと思われる方が年々増えていると感じています。海外では分析チームにデータサイエンティストを入れる流れも一部ではあります。おそらく、日本でもすでにそこに取り組んでいるクラブが出てきています。今後、必須になる時代が来ると思います。

それがチームを成長させるものであり、その積み重ねがクラブの財産になるからです。

私が本書で伝えるデータ分析は、チームの現在地、選手の成長を見える化して客観的な視点で成長をサポートすることが描かれています。パッキングレートやインパクトといった言葉を使いながらピッチ上のプレーを表現し、真実をあぶり出そうと試みています。

難しく考える必要はありません。まずは記録と現在地の把握から始まるのです。その先に、勝利に直結したデータ分析が見えてくる。

では、話を進めましょう！

ピッチ上の真実

ゲームの印象を整えるためのシン・サッカー分析術

目次

※本書に登場する選手の所属名は2024年11月1日時点のものとする。

第1章

パッキングレートとインペクト

パッキングレートとは何か？

『パッキングレート』とは、ゴールに対して垂直方向に、誰が何人の相手を置き去りにしたのかをポイント化したスタッツ（統計値）のことです。ポゼッション率やパス数といった従来のスタッツに代わり、攻撃側のパフォーマンスをより適切に見極める分析指標として、ドイツのインペクト社が開発しました。２０１４年あたりから信頼性の高いスタッツとして、世界的な広がりを見せています。

本質的にサッカーという競技は、ゴールが固定されており、お互いのプレー方向が決まっています。その中で相手よりも得点を挙げて勝利しようとすれば、攻撃側は相手のゴールへ向かい、守備側は相手の前進を防がなければいけません。つまり、サッカーでは相手の守備を越えて垂直方向へ前進することが、「生産性の高いプレーである」と考えることができ、その定義を元にプレーをポイント化したのが『パッキングレート』です。

具体的なシーンで説明しましょう。たとえば、センターバックの選手が中盤へパスを出し、このパスによって２人の相手ＦＷを置き去りにしたとします**【図１】**。このときパッキングレートには「置き去りにした相手の人数×レート」で、２×１＝２ポイントが加算されます。

図1　パッキングレートの説明①

置き去りにした相手の数が多ければ多いほど、そのプレーのパッキングレートは大きくなる仕組みです。

一方、「×1」のレート部分は、ボールを受けた選手が次にプレーする方向によって変わります。パスを受けた選手が前向きにプレーしたときは、レートが「×1」となり、この場面のパスは2ポイントが加算されます【図2】。逆にボールを受けた選手が、相手のプレッシャーを受けて前を向けず、バックパスなど後ろ向きにプレーした場合は、レートは「×0・2」となります【図3】。前を向いていれば2ポイントでしたが、後ろへプレーしたことによって、このパスの効力は2×0・2＝0・4ポイントと、大きく下がります。このようにサッカーの本質に合わせたプレー効果の定義により、一つひとつのプレーをポイント化して加算していきます。

もし、センターバックがボールを持っていて、縦パスをスパーンと前線へ通したとします。スルスルと間を抜け、6人を置き去りにして、さらに受けた味方が前を向いたとすれば、このプレーは6×1で、一気に6ポイントが入ります。ところが、相手のプレスが強く、サイドに追い込まれたりして、受けた選手が相手を背負いながらボールを戻さざるを得ないこともあります。この場合は6×0・2で、1・2ポイントしか入りません。より効果的な前進をしたプレーに大きなポイントが入るよう、パッキングレートは定義されています。

図2　パッキングレートの説明②

図 3　パッキングレートの説明③

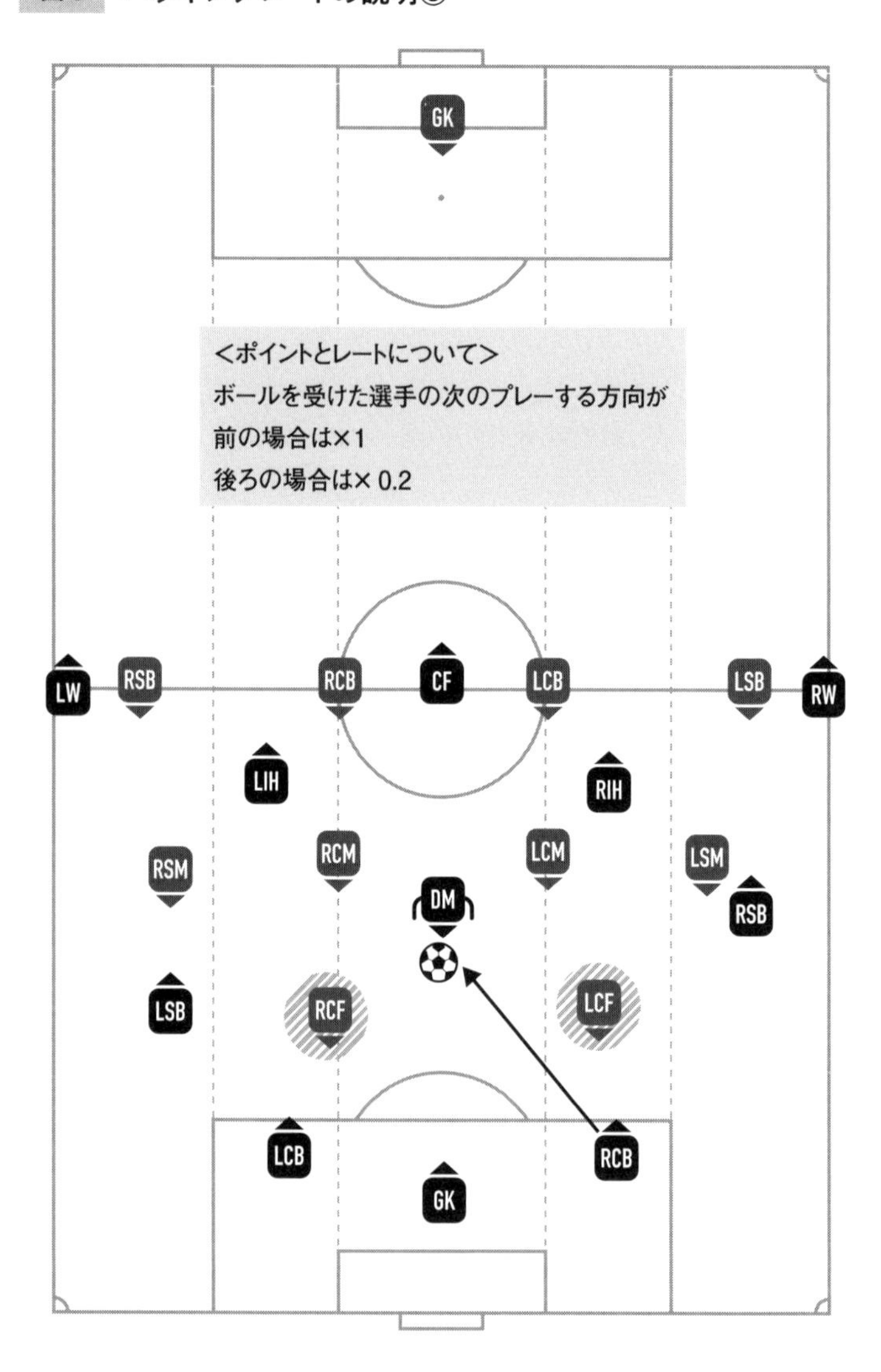

インペクトとは何か？

このパッキングレートに付随する、もう一つの指標として『インペクト』があります。一言でいえば、相手DFに対する攻略指数であり、パッキングレートを部分的に抽出したものです。パッキングレートは垂直方向へ前進したプレーがすべてポイント加算されますが、インペクトはその対象者を限定。パスなどの前進するプレーが行われたとき、ゴールから近い位置にいる相手のGK＋フィールドプレーヤー5人の計6人が、インペクト対象者としてポイントの対象になります【図4】。

これはシステム上のDFではなく、ゴールに近い6人なので、対戦相手が4－4－2の場合はGK＋DF4人＋守備的MF1人がインペクト対象者になることが多いですが、5バックならGK＋DF5人というケースが多いかもしれません。ただ、状況によってはGK＋DF3人＋MF2人のほうが自陣ゴールに近く、インペクト対象者になることもあります。

実際の場面を提示してみます。中盤の選手が前を向いてウイングの選手にスルーパスを出し、前を向いたとします【図5】。5人を置き去りにしたので、パッキングレートは5×1で5ポイントです。なおかつ、この5人はインペクト対象者なので、インペクトも5×1で5ポ

図4　インペクトの説明①

図5　インペクトの説明②

イントになります。

もし、最後尾のセンターバックから大きくボールが飛び、相手の裏で受けて前を向き、いきなりGKと1対1を迎えた場面なら、10人を置き去りにしたのでパッキングレートは10×1で10ポイント。インペクトも対象者5人が含まれるので、5×1で5ポイントになります。このように『インペクト』は、パッキングレート全体のうち、相手ゴールに近いフィールドプレーヤー5人を攻略した数を表します。

きっかけはブラジルワールドカップの『ミネイロンの惨劇』

ドリブルやクロスは含まれるのか？　レイオフ＝ポストプレーはどう扱うのか？　前向きでも後ろ向きでもなく、横向きにプレーした場合は「×1」なのか？「×0・2」なのか？　細かい部分は3章で解説します。

このパッキングレートやインペクトが世界的に注目されるようになったのは、2014年のブラジルワールドカップ準決勝、ブラジル対ドイツがきっかけでした。ドイツが歴史的な快勝を果たし、ブラジル側では『ミネイロンの惨劇』と呼ばれた、1－7のショッキングな敗戦です。

ただし、そうやって大差でブラジルが敗れた試合にもかかわらず、一般的なスタッツは、ブラジルを優位と指し示していました。たとえば、ポゼッション率はブラジルが上、ペナルティーボックス内のパス数もブラジルのほうが上です。さらにシュート数、枠内シュート数、1対1の勝率のいずれも、ブラジルが上回っていました【図6】。つまり、1－7というスコアを示す根拠になるようなスタッツが存在しなかったのです。

一般的なスタッツではブラジルがすべて上回っているのに、なぜ1－7で負けたのか。従来のデータ集計では、この現象を説明できませんでした。そこで脚光を浴びたのが、パッキングレートです。この試合のパッキングレートを計測すると、ドイツは402ポイント、ブラジルが341ポイントと、ドイツが上回っており、インペクトもドイツが84、ブラジルが53で、こちらもドイツが上回っていました。従来のスタッツでは説明できない『ミネイロンの惨劇』を唯一、正しく表すことができたスタッツが、パッキングレートとインペクトだったのです。

元々ポゼッション率については、必ずしも結果に結びつくものではないと一般的に認識されていたと思いますが、ペナルティーボックス内のパス数やシュート数、枠内シュート数、1対1の勝率については、より結果との相関性を信じられたスタッツです。実際にそれが確認でき

図6　2014年ブラジルワールドカップのドイツ代表対ブラジル代表スタッツ

ドイツ		ブラジル
	7 - 1	

得点者

ドイツ	ブラジル
11分　トーマス・ミュラー	90分　オスカル
23分　ミロスラフ・クローゼ	
24分　トニ・クロース	
26分　トニ・クロース	
29分　サミ・ケディラ	
69分　アンドレ・シュールレ	
79分　アンドレ・シュールレ	

	ドイツ	ブラジル
ポゼッション率	48	52
ボックス内のパス本数	11	19
シュート数	14	18
1対1の勝率	48	52

る試合もありました。

しかし、たとえば相手がゴール前に密集して守りを固めている場合は、ボックス内でプレーしたとしても、相手の背後を取れていない状況です。目の前や周囲に相手の守備者がいれば、シュートを打つ時間とスペースがなく、相手のブロックにも当たりやすい。この状況でパスやシュートが増えても、期待したほど得点に結びつかない可能性があります。つまり、ボックス内のプレー回数、シュート数、1対1の勝率などはいずれも周りの状況が加味されない、というデータの死角は存在します。

一方、インペクトの場合はゴールに近い相手6人を攻略した数が、ポイント加算の対象なので、たとえシュートを打っても、たとえボックス内へ侵入しても、相手守備者が多く残っている状況＝背後を取れていない状況では、今ひとつポイントが伸びません。パッキングレートの加算も限定的です。

その点で言えば、ドイツはゴールにつながるアクションの数自体は少なくとも、効果的なショートカウンターで相手が戻る前に素早く、ブラジルの背後を突き、同じペナルティーボックス内へのパス、枠内シュートにしても、より多くのインペクトを加算した状況でフィニッシュにつなげていました。相手のラインの高低、守備の戻りの早さといった状況の違いを飲み込みつつ、サッカーにおける生産性の高いプレーを計測できるのが、パッキングレートやインペクトの強みと言えます。

インペクトが高かったチームが負けない確率は8割以上

このブラジル対ドイツがきっかけとなり、脚光を浴び始めたパッキングレートとインペクトは、その後、２０１６年の欧州選手権でより確かな統計をはじき出しました。大会の全51試合について計測を行った結果、対戦相手よりもインペクトが高かったチームが負けない確率は94%となり、インペクトと勝敗の間にかなり高い相関性が成立しました。

一方、ブンデスリーガでは２０１５シーズンに３０６試合の集計が行われ、インペクトが高かったチームが負けない確率は86%。私が２０２２シーズンに関東サッカーリーグ（１部）の栃木シティフットボールクラブで計測した51試合（練習試合含む）でも、インペクトが相手より高かった試合の負けない確率は85%でした。サッカーのレベルに関係なく、相関性を確認することができました。

残り10%程度に例外は隠れていますが、それは後の章へ回すとして、スタッツの有効性が

80％以上というのは驚異的な数字です。これまでサッカーはデータで分析、評価をしにくいスポーツと言われることが多かったのですが、パッキングレートとインペクトに関しては、「前進」と「背後への攻略」に着目した、よりサッカーの本質を捉えた信頼性の高いスタッツと考えることができるのではないでしょうか。

ただし、これだけでは実感が沸かないかもしれないので、論より証拠です。次の章では実際にパッキングレートとインペクトの指標を用いて、ある3つの試合を分析してみたいと思います。それが次の3試合です。

・2022年カタールワールドカップ　ドイツ代表対日本代表
・2023年親善試合　ドイツ代表対日本代表
・2024年アジアカップ　日本代表対イラン代表

なぜ、この3試合を選んだのか？　それは本書の編集者が何気なく発した疑問がきっかけでした。

「日本は親善試合でドイツに4－1で勝って、みんなすごく盛り上がったけど、本当に強くなったんですか？　ワールドカップも2－1で勝ったけど、何か変わったんですか？　結果はそうだったけど、それでいきなり強くなったとか、僕にはピンと来なくて」

注目度の高い試合が終わると、色々な人が色々なことを言います。勝てば「戦術が良かった」「戦術は悪かった」「選手の個がすごかっただけ」「相手が弱かっただけ」と。負ければ、「決定力がなかっただけ」「いや、内容も悪かった」「気持ちが見えなかった」「ゴール前の質が悪かった」と云々閑雲。そもそもどちらのチームが優勢だったのか、前提となる部分で各自の印象が違いすぎて、全く話がかみ合わないこともサッカーではよくあります。

そうした場合にパッキングレートやインペクトを参照すると、どうなるか。

パッキングレートは「どれだけ前進したか」を表す指標です。ビルドアップがどれだけ機能したか、どれだけ前へボールを運べたのかを客観的に集計しているので、「うちが押していた」「相手はボールを持っていただけ」といった印象を客観的に整えてくれます。数字を見た結果、思ったよりも低ければ「意外とボールを持たされていたな」と気づくでしょうし、思ったより高ければ「意外と運べていたな」と試合を思い直すきっかけになると思います。

また、インペクトは「どれだけDFの背中を取ったか」を表す数字なので、パッキングレートの割にインペクトが低ければ、「最後の仕掛けでDFの背後を取れなかったか」といった解釈が可能ですし、逆に相手チームにも多くポイントを取られていれば、「うちも取ったけど、相手にも結構取られている。確かに自分たちの守備がハマらず回避されて前進された場面もあった、実はイーブンの打ち合い試合だったか」といった具合に、断片的になりやすい主観を整えることができます。これは統計の大きなメリットと言えるでしょう。

おそらく本書を手に取ってくれた皆さんも、日本代表のワールドカップやドイツ戦は、ご覧になったのではないでしょうか。次章では、実際に2つのドイツ戦とアジアカップの一戦を、パッキングレートとインペクトを用いて、試合の印象をともに整えてみたいと思います。それは、このスタッツの真価を実感するものになるでしょう。

第2章

日本代表の分析から浮かび上がる真実

2022年カタールワールドカップ 日本代表対ドイツ代表

守備がハマり、インペクトが向上

2022年カタールワールドカップの初戦、ドイツ対日本（1-2）。翌2023年の親善試合、ドイツ対日本（1-4）。この2試合を分析した結果は、大変興味深いものになったと思います。

ワールドカップのほうから言えば、ボール支配率はドイツが74％を取りました。この試合はパッキングレートを含めて、ドイツがゲームを支配していたのは明らかでした。さらに前半に関して言えば、ドイツは圧倒的な数字を残しています。ボールを握りながら、縦パスを通すなど前進のアクションが多かったので、パッキングレートは261・6と、高い数字をはじき出しました。インペクトに関しても41・2と、日本より高いスコアを出しています。得点はPKの1点のみでしたが、このインペクト値が示す通り、ラインブレイク、日本の最終ラインを壊すアクションは多く、前半はドイツにとって良い内容だったと数字が示しています【図7】。

ただし、後半はスコアが変わりました。パッキングレートは変わらずドイツのほうが上回っているのですが、差は縮まりました。さらにインペクトに至っては、何と日本のほうが高いス

図7　2022年カタールワールドカップの日本代表対ドイツ代表スタッツ

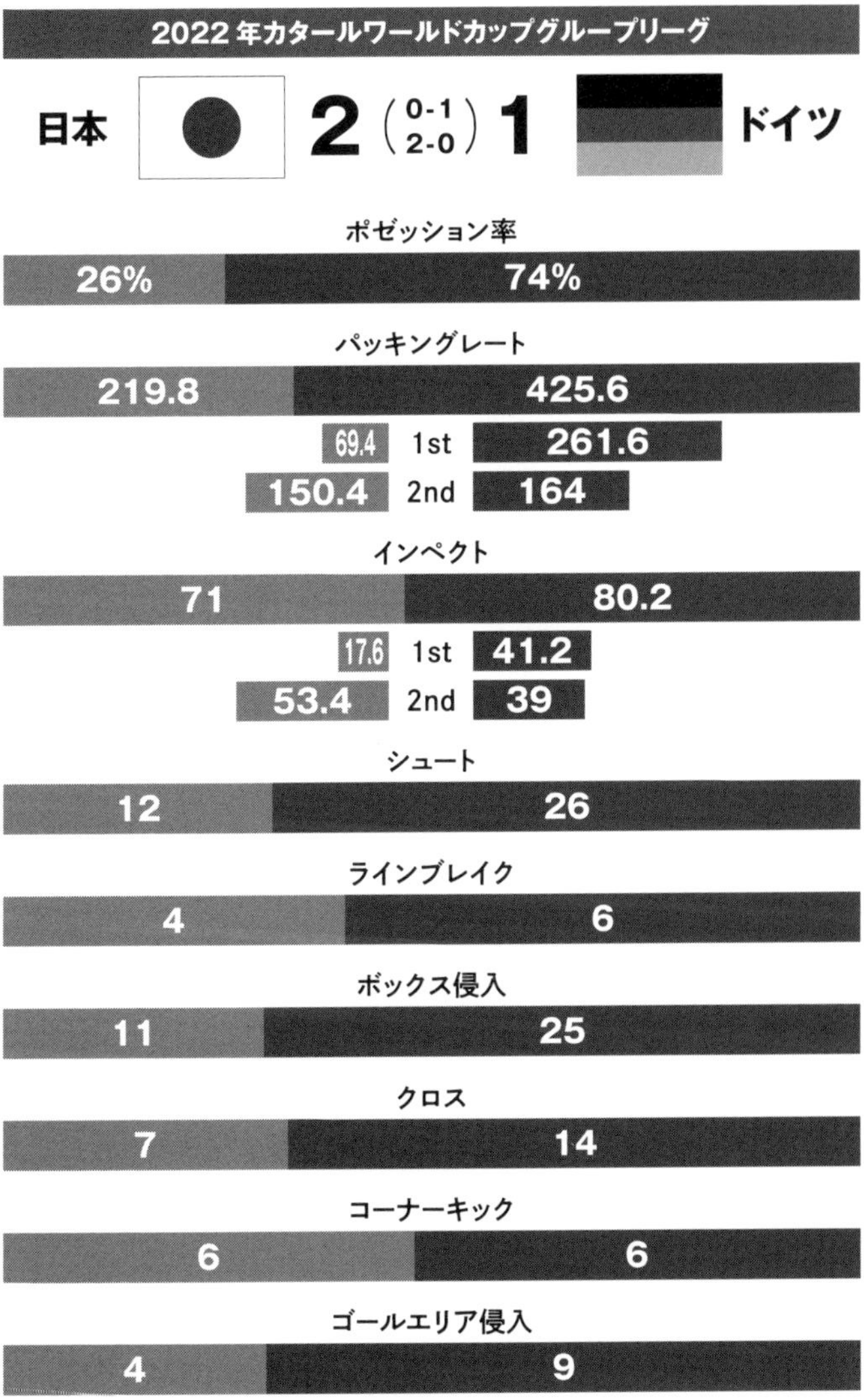

2022年カタールワールドカップグループリーグ

日本 2 (0-1 / 2-0) 1 ドイツ

項目	日本	ドイツ
ポゼッション率	26%	74%
パッキングレート	219.8	425.6
1st	69.4	261.6
2nd	150.4	164
インペクト	71	80.2
1st	17.6	41.2
2nd	53.4	39
シュート	12	26
ラインブレイク	4	6
ボックス侵入	11	25
クロス	7	14
コーナーキック	6	6
ゴールエリア侵入	4	9

コアを叩き出していきます。何が起きたのでしょうか？

日本はハーフタイムに久保建英選手に代えて、冨安健洋選手を投入し、5バックに形を変えました。これがスコア逆転の要因でしょうか？　いえ、少なくとも後半が始まってすぐには、前半の傾向からそれほどの変化は訪れていません。後半開始からの10分間で日本が取ったインペクトは2回だけ。1ポイントと0・2ポイントで、わずか1・2ポイントです。後半の53・4ポイントのうち、後半序盤の10分間では1・2ポイントしか取れていませんでした。

この流れが大きく変わり始めたのは、後半12分に長友佑都選手と前田大然選手に代わり、三笘薫選手と浅野拓磨選手が入る、その前後の時間帯でした。きっかけとなるプレーは後半10分30秒。ドイツがGKまでボールを下げたとき、日本は下りたドイツの選手をフリーにせず、直線的に寄せて行きました。そこでGKがロングボールを蹴ってきたところで競り勝つ。この場面はファウルになりましたが、流れを切ることには成功しました。私はこの試合のスタッツを取りながら、この守備が大きなきっかけになったと感じています。なぜなら、それまでの日本とは傾向が大きく変わったからです。日本は中盤でしっかり構えて相手の前進を防ぎ、防いだだけでなく、相手のバックパスに合わせてプレスを押し上げる守備がはまり始めました。

実際、ドイツは前半にパッキングレートを261・6取りましたが、後半は164に落ちています。つまりドイツは前半ほど、ボールを前進させられなくなった、ということです。それは日本がアグレッシブな守備を機能させたのが要因ではないかと見ています。

さらにドイツはパッキングレートの低下だけでなく、インペクトを見ると日本に逆転されています。後半は日本が53・4、ドイツは39。インペクトは日本が上回りました。この理由はトランジション（攻守の切り替え）からカウンターを狙った影響が大きいですが、それだけではなく、日本はオープンなビルドアップからも鋭い縦パスを通し、前進するプレーが見られました。奪ったボールについても、センターバックがすぐに縦へ送り、前で収めてプレーしたりと、後半12分まではそういうシーンはあまりなかったのですが、明らかに日本の矢印が変わっています。

そうしたプレーが徐々に増え、シュートや背後の動きで日本のインペクトが上昇し、最終的にはドイツを上回るスコアになりました。結果も1－2で逆転勝利を収めています。日本はチャンスをゴールにつなげた決定力も優れていましたが、それだけではなく、後半に関して言えば、DFを攻略した数でもドイツを上回っていました。もちろん、1試合の合計では日本が71、ドイツが80・2だったので、日本が2－1で勝利したのは決定力や偶然の影響も否定できませんが、少なくとも後半に関しては、日本が内容でも上回ったことはスタッツから読み取ることができます。

ドイツからすれば、この内容で負けるのか、という印象を持つかもしれません。私たちがドイツの立場なら、きっと同じことを言うでしょう。ただし、試合を分析していくと、この試合は前半と後半が異なる顔を見せたこと、そして、後半のインパクトでは日本がドイツに勝っていたことは注目すべき点なのかなと思います。

2023年親善試合 ドイツ代表対日本代表

日本が守った後半はインパクトが互角に

次は翌年、2023年に行われた親善試合のドイツ戦です【図8】。ポゼッション率は日本が33%、ドイツが67%なので、ワールドカップと同じくドイツがボールを握る試合になりました。パッキングレートに関しても、ドイツが356・4で、日本が261です。かなりドイツが上回っていることがわかります。構図はそれほど変わっていません。

ただし、この試合も前半と後半を分けて見ると、違う姿が浮かび上がります。実は前半のパッキングレートは日本が188・4、ドイツが172・8でほとんど差がありませんでした。両チームともに前進し、互角にやり合っていたことがわかります。ところが後半は、ドイツが183・6と少し増えたのに対し、日本は72・6に激減。この差がそのまま、試合全体のパッ

図8　2023年親善試合のドイツ代表対日本代表スタッツ

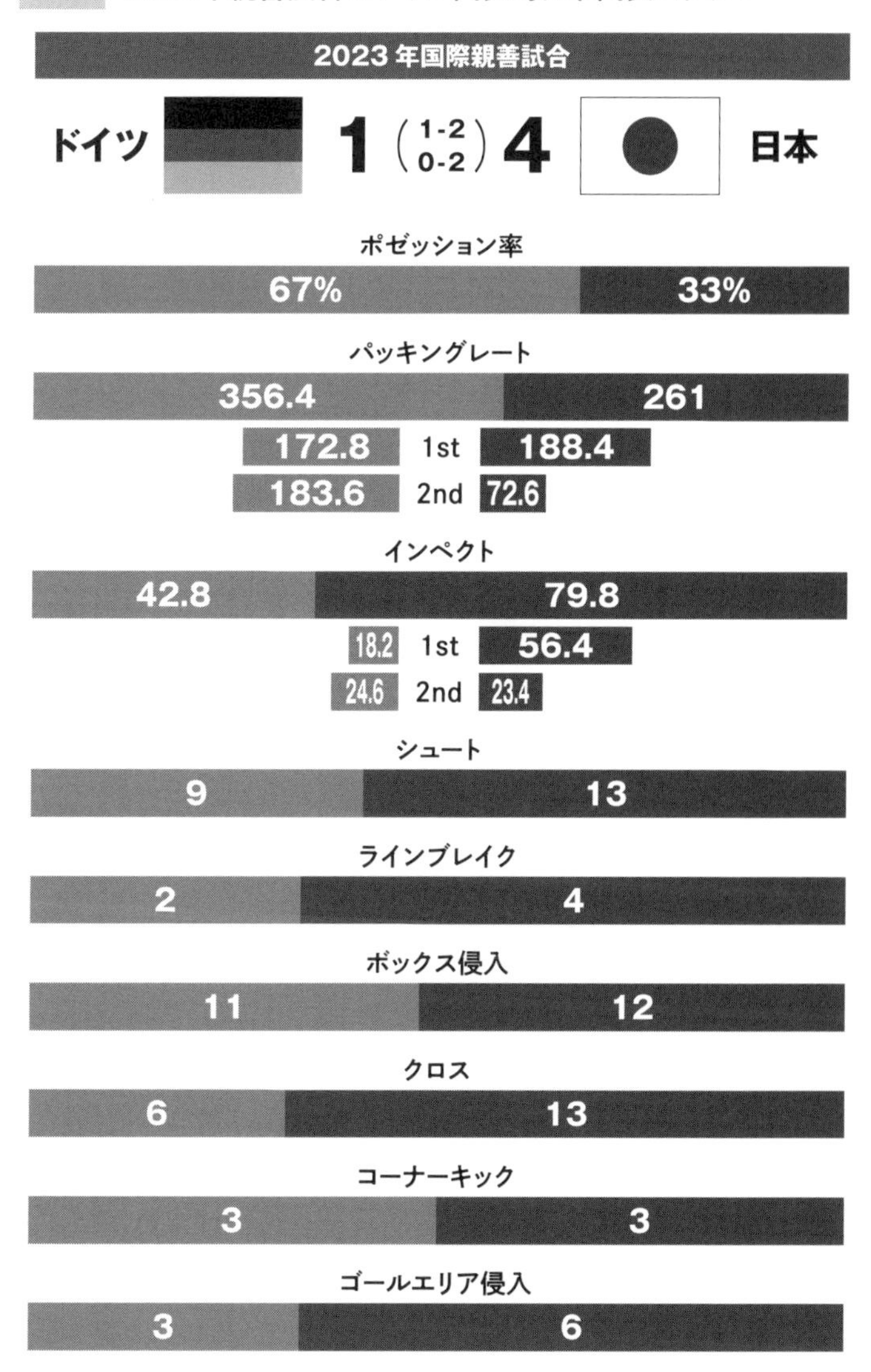

キングレートの差になっています。これは一体、何を示すのか？

前半はアグレッシブに戦い、2-1とリードを奪った日本ですが、後半は互いに前進し合う展開に付き合わず、5-4-1へのシステム変更で守りを固めました。その意図がパッキングレートにも表れています。攻撃ができなくて72・6しかパッキングレートを取れなかったのではなく、戦術的な判断として守備を重視しました。

その解釈を支えるのは、インペクトのスコアです。後半のパッキングレートでは日本の2倍奪っているドイツが、インペクトでは24・6と23・4でほぼ互角。つまり、ドイツはかなり前進のアクションを行っているにもかかわらず、それが日本のDFの攻略数につながっていないのです。逆に日本は72・6のパッキングレートのうち、23・4がインペクトを含んでおり、行った前進アクションの大半が相手DFを攻略するものだったことがわかります。ドイツに攻めさせ、でも大事なところは攻略させず、ハイラインになったドイツの裏をシンプルにカウンターで突いていく。後半の日本の戦略が功を奏したことは、4-1の結果だけでなく、パッキングレートとインペクトの関係からも確認することができます。

ワールドカップも親善試合も、日本はともに後半から5バックに変更しましたが、目的はやや違いました。0-1でリードされていたワールドカップでは、ドイツの前進を抑え、自分たちがインペクトを取るために、劣勢を打破するための5バック変更でした。

親善試合では逆に2－1でリードしていたので、相手にインペクトを与えない展開へ持ち込むための5バック変更。自分たちの前進も控え、相手にインペクトを取らせないことを重視する。ただし、引き込んだ状態から一発のカウンターはねらって行く。同じシステム変更でも、パッキングレートとインペクトの数値を見ると、違う意図があったことが透けて見えます。

また、親善試合の前半を単体で見ても、パッキングレートこそ互角でしたが、DFの攻略までつなげた数は日本のほうが上でした。前半のインペクトは日本が56・4、ドイツが18・2と日本が大きく上回っており、お互いにアグレッシブにやり合う中でも、より日本のチャンスのほうが大きかったことがわかります。分析をした感覚としても、ドイツは最後のディフェンスラインの崩しまで到達しなかった印象がありました。もっと強引に来ても良さそうな場面も散見されましたが、あれ？　来ないのか、という感覚でした。

その結果、試合全体のインペクトも日本が79・8、ドイツが42・8と2倍近くの差が出ることになりました。インペクトの高いチームが負けない確率は8〜9割という法則で言えば、この親善試合で日本が勝ったことは戦術的必然、妥当な結果だったと結論付けることができます。たまたまドイツが決定機を外したから、ではありません。ワールドカップとは異なる意味を持つ勝利でした。

『ボックス侵入』の数にも見える日本の優位性

偶然の勝利ではなく、内容でも日本が上回ったことは『ボックス侵入』の数を見ても、わかると思います。12対11で日本が少し上回っており、ワールドカップの11対25よりも改善されています。他にも『ラインブレイク』、『ゴールエリア』と、ワールドカップでは下回っていたゴールに直結する数字は、親善試合ではすべて逆転しました（※『ラインブレイク』とはディフェンスラインの背後のゾーンに侵入すること。『ゴールエリア』はペナルティーエリアのうち、ゴールの幅に限ったエリアでプレーした数のこと**【図9】**。後の章で詳しく解説）

余談ですが、インペクトと『ボックス』や『ラインブレイク』、『ゴールエリア』などは相関性が高いデータです。インペクトが高いときは他の数字も高くなるので、わざわざ取る必要はないと考えるかもしれませんが、色々な方法でスタッツを取ることによって、データの補足、裏付けをすることができます。

たとえば、ドイツの場合はハイラインだったので、日本がインペクトを取った状況もハイラインの裏を陥れた形が多くなりました。日本はスピードに長けた選手を揃えているので、長い距離をそのまま、ボックスやゴールエリアの攻略につなげられたと思います。ところが、チー

図9 ラインブレイクとゴールエリア

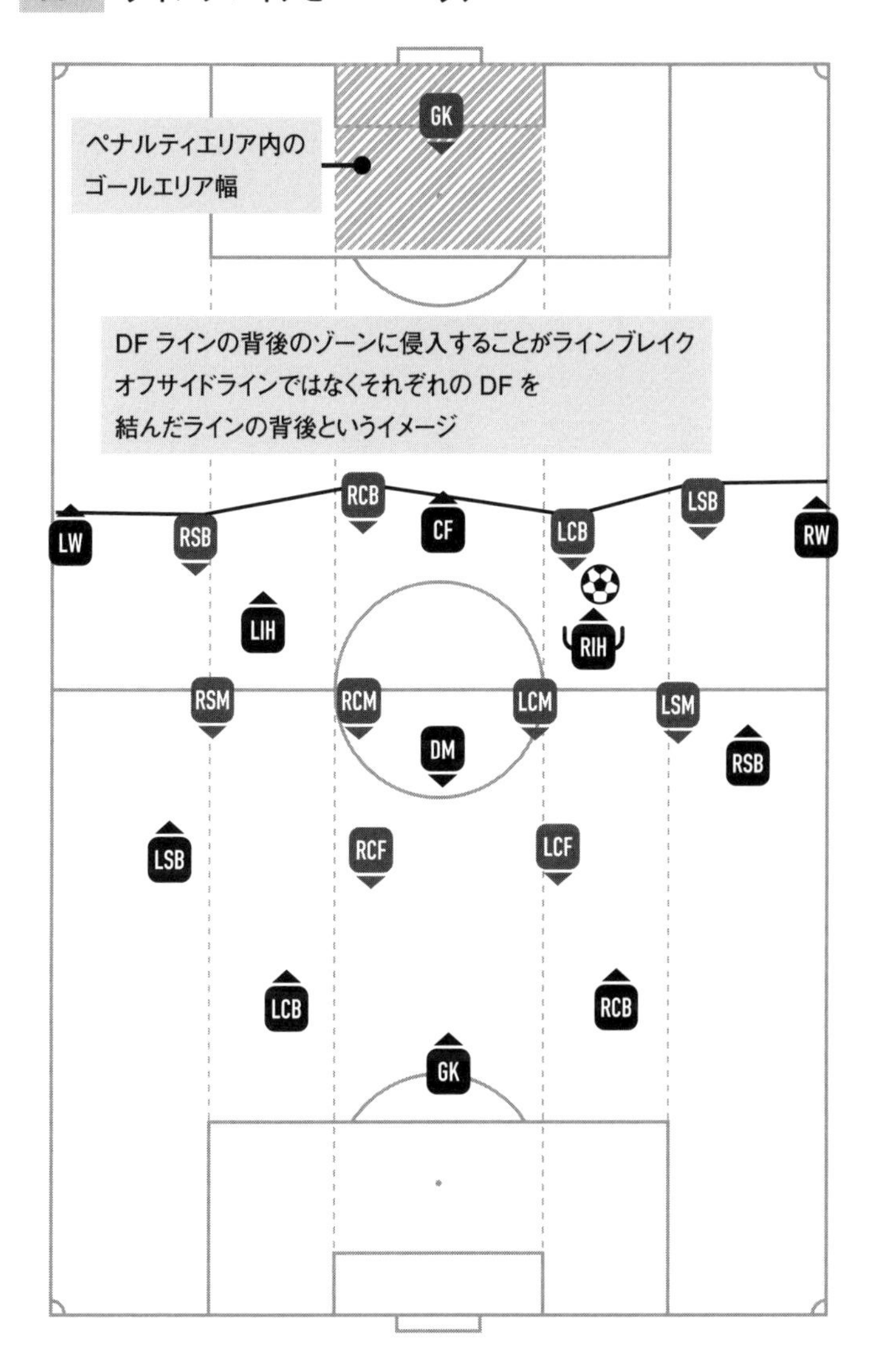

ムによってはハイラインの裏を取っても、ボックスへたどり着く前にスピードダウンさせられたり、あるいは守備側にスペシャルなセンターバックがいると、その前にタックルで防いでしまうかもしれません。そうなると、インペクトの割にボックスやゴールエリアの数字が伸びない、ということになり、試合の評価や解釈が変わります。

ラインの高さや戦術、個人の質など、どんな指標を用いても、チームの特徴によっては数字で測れない部分が出てしまう可能性はあります。だからこそ、色々な指標を持って多角的にスタッツを取っておけば、そうしたデータの死角を減らすことにつながるわけです。あまり数字が多すぎても混乱を招くので良くありませんが、正しく適切に試合を解釈するために、ある程度のスタッツは必要だと思います。

ウイニングデータに紐づくパス本数や保持率

さて。話を親善試合ドイツ戦の内容に戻しましょう。

日本はパッキングレートで下回りつつも、インペクトは上回り、4－1で勝利しました。これは相手にボールを持たせることを意図した展開の中では、理想的なスタッツかもしれません。

日本人アナリストの第一人者である庄司悟さんも、カタールのワールドカップが始まる直前、「日本はボール支配率35％でドイツに勝てる」という分析を発表していました。ドイツはワールドカップ予選でも相手に5バックで構えられ、ポゼッション率が65％くらいまで高まると、逆に勝率が落ちるという傾向があったそうです。

逆に日本代表の森保監督は、ポゼッション率40％ぐらいが一番日本は勝ちやすいと考えていたそうです。50％を大きく上回るほどボールを持ちすぎても勝ちづらいし、逆に30％を下回るほど一方的に支配されても、勝ちづらい。40％くらいのボール支配率がちょうど良く、それは密かに意識している数字と語っていました。データは取り続けると、そのチームのスタイルにおける、ウイニングデータ、ウィークデータといった勝ち筋が見えてくると思います。

風間八宏さんが川崎フロンターレで監督を務めたときも、1試合のパス本数が800本くらいまで増えたときは、むしろ崩せていないからパスが多くつながっているだけで、あまり良い状態ではなく、1試合600本くらいが良いプレーができている状態だと仰っていたことがあります。普通のチームからすれば、600本でも多いほうですが、風間監督が指揮する川崎にとっては、それがウイニングデータだったのでしょう。

パッキングレートとインペクトに関しても、同じことが言えるのかもしれません。森保監督が指揮する日本代表が格上と対戦するときは、パッキングレートが同数か下回るくらいで、逆にインペクトでは上回った状態。これがウイニングデータであると。もちろん、2試合だけで確実なことは言えませんが、一つのチームで継続的にデータを取ると、そうした傾向を発見することはあります。

ドイツ戦についてまとめると、親善試合の日本はドイツを上回っていたと言えると思います。インペクトやボックス侵入などのゴールを脅かすスタッツが勝っていたことと、もう一つは試合運びが良かったことです。

前半にパッキングレートを取り合う真っ向勝負の中、日本はインペクトで勝ってチャンスをより大きく作って2－1でリード。そして後半は5バックに変更して展開をがらりと変更。プランとして戦術変更を、勝つストーリーに結びつけた印象を持ちました。ワールドカップのドイツ戦とは大きく違う試合になったと、客観的にも証明できたと思います。

2024年アジアカップ　日本代表対イラン代表

インペクトはイランが優勢

　ワールドカップと翌年の親善試合でドイツに2連勝を果たし、内容もバージョンアップ。日本代表はとても好調でした。ところが、親善試合から5カ月後のアジアカップでは思わぬ苦難に見舞われることに。準々決勝でイランに1－2で敗れ、優勝候補と呼ばれた日本がまさかのベスト8止まり。ワールドカップから続いた好調ムードに冷や水を浴びせられる結果になりました。

　日本が良かった2試合だけでなく、この苦い敗戦についても、データが示す真実を知りたいところです。パッキングレートとインペクトは、イラン戦をどう評価しているのか。全体のスタッツを見てみましょう【図10】。

　パッキングレートは261・2と223・2で、日本のほうが少し多かったですが、より重要になるのは、やはりインペクトです。これは日本の44・4に対し、イランは69・4と大きく上回りました。パッキングレートは日本、インペクトではイランが優勢です。付け加えるなら、ポゼッション率は日本が58％でした。これらの数字は、日本がボールを持ってそれなりに前進しつつも、イランがより多くの決定機を迎えた試合の構図を、大まかに物語っていると思います。

　ここで注目したいのは、ポイントの取り方の違いですが、前半のパッキングレートは135・4対105と、日本がボールを握った状態でした。イランは遠藤航選手や守田英正選

図 10　2024 年アジアカップの日本代表対イラン代表スタッツ

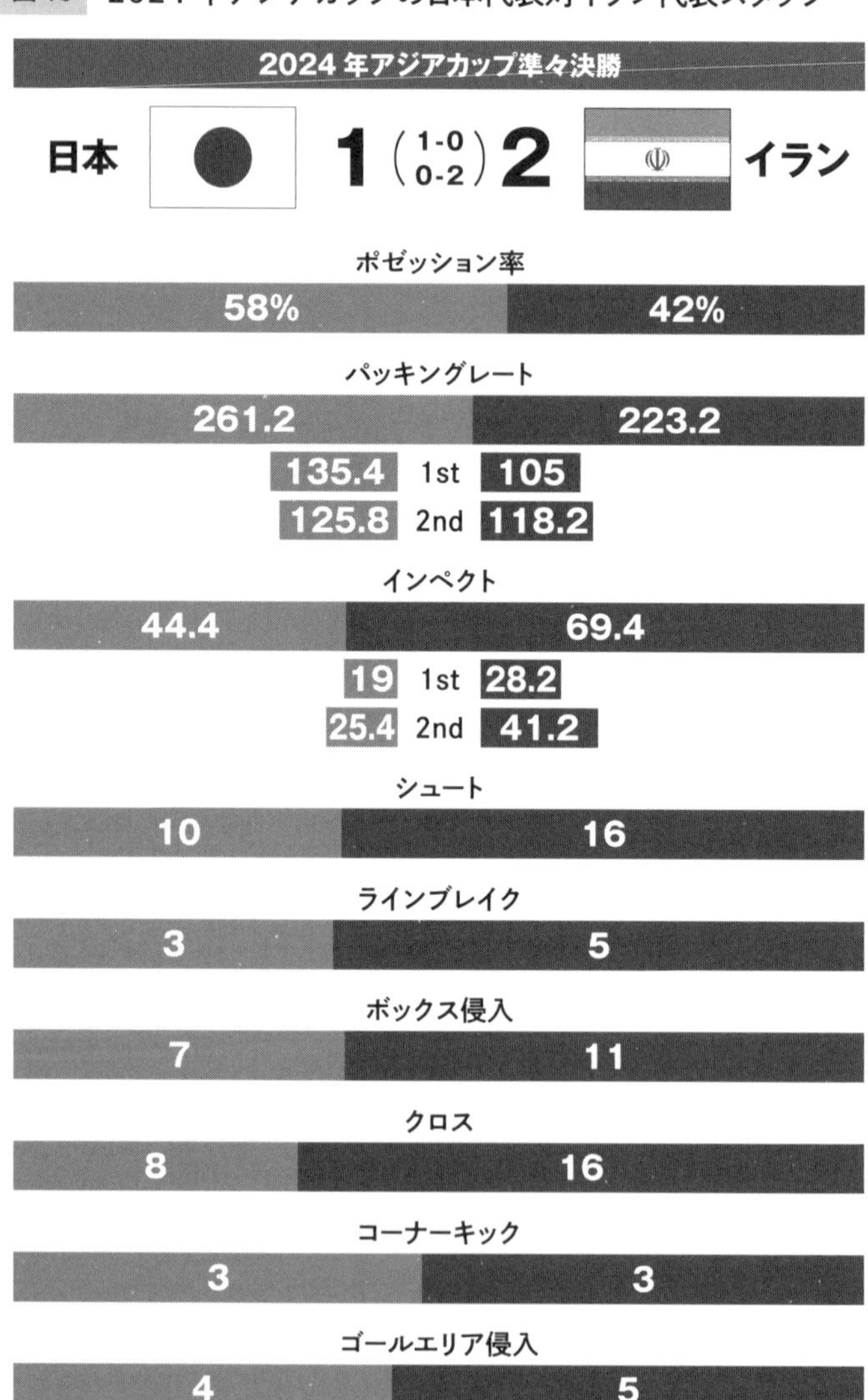

手を消しながら、日本の前進を阻み、なるべくパスを外へ誘導しようとする意図を感じましたが、遠藤選手や守田選手がうまくポジションを入れ替えながら、ビルドアップを行いました。イランのセンターバックの前へパスを差し込み、刻みながら前進したり、さらにサイドでも前田大然選手や堂安律選手を起点とした前進も行っています。全体的に日本はパスを短く刻みながら、1ポイント、2ポイント、3ポイントを丁寧に積み重ねるようなパッキングレートの取り方でした。

イランは逆に、この試合ではロングボールを多用し、ダイレクトなサッカーを展開しています。日本のセンターバックの背後へ蹴り込む展開を終始続け、それが何本か通ったとき、パッキングレートに加算されていく。そのため、イランのポイントは1回に4以上の大きな数字が多かったです。1つのロングボールを拾うことで、一気にポイントを稼ぐ。ドン、ドンと一撃が大きかったです。

そんな最中の前半28分、先制したのは日本。守田選手のゴールが決まりました。前半は敵陣に押し込む時間が長く、即時奪回もできており、日本のペースだったと思います。先制した後も前半38分頃までは同じく、日本のペースで試合が続いていました。

きっかけは1本のゴールキック

ところが、前半39分に試合の流れが大きく変わるプレーがありました。イランのロングボールに対し、板倉滉選手が競り負けて背後を取られ、フィニッシュまで持ち込まれる場面がありましたが、焦点はその直後のゴールキックです。日本はそれまで足下でつないでスタートしていましたが、それをやめ、ＧＫ鈴木彩艶選手はロングボールを選択しました。おそらく鈴木選手単独の判断ではなかったと思います。板倉選手は一瞬、開いてパスを受けるポジションを取りかけましたが、他のフィールドプレーヤーは中へ絞りながら上がり、板倉選手もすぐに追随したので、ロングボールはピッチ内の選手間で合意があったと思われます。

前半は残り数分。スコアは１－０で日本がリード。そして、直前にロングボールから嫌なピンチを迎えたばかり。リスクを避けてロングボールを選択するのは、別段おかしなことではありません。しかし、結果的にはこのプレーから前半の終了までは、ほぼイランがパッキングレートとインパクトを積み重ねる展開になりました。逆に日本が取ったパッキングレートは３回だけ。それまでつないでいたゴールキックをロングボールに変えたのをきっかけに、流れが大きくイランに傾きました。時系列でレートを見ると、この点は明確です。

鈴木選手がゴールキックを蹴り出した後、日本の選手がボールを拾ったり、奪ったりもしましたが、その後にコントロールし切れずマイナス方向へ下げるなど、日本の矢印は徐々に後ろ向きになり、前進が利かなくなりました。すると、セカンドボールもイランに回収されがちになり、徐々にボールを握られていきます。日本は一旦それを防いでも、セカンドボールを拾えず、奪った後に前進もできず、また奪い返されて日本陣内でのプレーが増える悪循環に陥りました。この展開は前半39分までの内容とは全く違うものでした。

ゴールキックの件は、私たち栃木シティでもよく起こります。つながずに大きく蹴り出すと、心情的にはリスク回避して安心できるのですが、実は数秒後にボールが戻って来てしまう。栃木シティでも、このパターンで失点することが実は多いのです。

ロングボールとロングパスは、栃木シティでは言葉を使い分けています。ロングボールはただ大きく蹴っただけのキックで、ロングパスは背後に走った選手へピンポイントで合わせるもの。前者のロングボールの場合は一旦脱出しても、すぐにボールが自陣に戻って来ることが多く、相手に流れを渡すきっかけにもなります。そのため栃木シティでは、やはり自分たちのサッカーはつないでいったほうがいいと考えています。大きく蹴れば安心しますが、つないだほうが結果としては、変なトランジション、意図しないトランジションを生まずに済むからです。

もちろん、鈴木選手がロングキックを行った背景には、スコア状況やリスクマネジメントなどが複雑に絡むため、一概に是非を問うことはできませんが、日本とイランのパッキングレート、インペクトの傾向を変えるプレーだったことは間違いありません。

これは余談ですが、前半の終わり間際の勢いは、後半の最後にも表れると私は考えています。言い換えれば、前半の終わり方と、後半の終わり方は、展開が似通うことが多いのです。たとえば、スコアで勝っている前半の終盤に押し込まれて終わると、後半の最後も相手に押し込まれる展開になる。だからこそ、前半の終わり方は大事だと思っていますし、それは今までの経験でも大事にしてきました。

その点で言えば、まさに後半最後のアディショナルタイムに猛攻を仕掛けるイランが、日本のロングボールの処理のミスからＰＫを獲得し、決勝点を奪いました。その後半終盤の流れと、前半終盤の流れは酷似しており、それが尾を引いた格好です。ロングキックを選択した前半39分からハーフタイムまでの数分間には、実はアラートが隠れていたと私は考えています。

つなぐスタイルにチームのロングボール選択は……

スタッツに話を戻すと、試合全体のポゼッション率は日本が58％とボールを握っていました。しかし、イランは大事なところでインパクトを稼いでいたことを認めなければいけません。

前半の日本はセカンドボールを拾い、即時奪回もできましたが、前半39分にゴールキックを大きく蹴り出したあたりから、セカンドボールを拾えなくなり、初めて主導権がイランに渡りました。そこから後半のイランはロングボールとトランジション、さらにクロスがファーサイドを中心に合い始め、インパクトを取って日本を上回っていきました。

後半10分に同点ゴールを奪われた場面も、前述したGK鈴木選手のロングボールから始まりました。日本はGKからつなぐのをやめ、ロングボールを蹴りましたが、ヘディングで跳ね返され、自分たちのゴール前にボールが戻って来て失点。そういう流れでした。間延びした状態でイランにセカンドボールを拾われ、ダイレクトに前進され、最後はスルーパスでインパクトを取られながら、ゴールを許しています。

普段からロングボールを蹴っているチームなら構いませんが、つなぐスタイルのチームがロングボールを選択すると、どうしても選手間の距離が間延びしますし、それ以上にメンタルの部分が後手に回ります。自分たちの土俵で戦えなくなったことが、相手に勢いを与えてしまい、流れが大きく変わりがちです。

ある意味では、この試合のイランはドイツ戦の日本に似ていました。相手の前進をプレッシングで阻みつつ、奪ったボールを前へ通し、トランジションを制していく。地上戦と空中戦の違いはありますが、前半39分のゴールキック以降のイランは、インパクトだけでなくボックス侵入、シュート数などあらゆるスタッツで上回るようになりました。

また、後半の日本は奪ったボールを急いで縦に付けがちで、オープンな展開でボールを失う場面が多くなりました。ロングボールとトランジションを中心としたイランの戦い方に、日本が付き合った印象があります。奪って縦パスを入れても、受けた選手が孤立して前進ができない、という流れが続くようになりました。

前半のようにコントロールされたポゼッションではなく、数人でカウンター気味に行って、また奪われて戻って来る、といった内容です。前半あるいはドイツ戦のように攻守のコンパクトさがないので、間延びしたスペースでイランの球際の勢いに押される場面が目立ちました。

イランの優勢を示すスタッツは全体としても違和感がなく、試合を正確に表していると思います。この試合内容で仮に、日本が1－1のままPK戦に持ち込み、勝利を得ていたら、それは内容にそぐわないラッキーな結果だったと評価せざるを得ません。その場合は、試合を改善しないといけないと警鐘を鳴らす、パッキングレートとインペクトになったと思います。

采配によってインペクトが低下

前半39分のゴールキックがスタッツ上の転機になったことは、前述の通りです。一方で後半はどうだったのか？　後半についても、パッキングレートとインペクトの増え方を時系列でチェックしました。

後半の序盤は日本もイランも、前半とそれほど変わらず、互角の展開に近かったです。ところが、特にインペクトについて、このバランスが崩れ始めたのが後半20分あたりでした。日本はそこから試合終了まで、インペクトを取った回数がわずか3回。つまり、相手DFの背後を取った場面が、わずか3回しかありませんでした。それに対してイランは13回ものインペクトを取っています。ポイントで言えば、後半開始から20分までに取ったインペクトは日本が9・4ポイント、イランが14ポイント。後半20分から試合終了までに取ったインペクトは日本が

16、イランが30・2となりました。これは傾向が大きく変化しています。
このタイミングについて気になるのは、采配、つまり後半22分に日本が選手交代を行ったことです。前田大然選手と久保建英選手に代え、三笘薫選手と南野拓実選手を投入しました。イランは試合終了間際まで選手交代を行いませんでしたが、一方で日本はこの采配の後、インペクトなどのスタッツが目立って悪化しました。

三笘選手は逆サイドからクロスに飛び込んでヘディングをした場面が一つありましたが、クロスは一本も供給しておらず、本来の彼に求められたサイドからのチャンスメークは皆無でした。後半30分に三笘選手が入ってから唯一と言ってもいい、左サイドからドリブルで運ぶ場面がありましたが、彼がボールを持つとイランはダブルチームでスペースを消して来たため、こうした場面は非常に少なかったです。

選手交代に動いた日本はインペクトが減り、逆にイランはどんどん増えていく。三笘選手のスーパーサブ起用はドイツ戦などのW杯では機能して流れを変えたのに、一体何が起きたのでしょうか？

冨安健洋選手が言及する「熱量」の正体

これは余談ですが、イラン戦の後、冨安健洋選手はこんなコメントを残しました。「すべてが足りなかった。熱量だったり、ピッチ上での振る舞いも含めて、もっともっと戦わないといけない。熱量は僕も含めて、特に後半は感じることができなかった」

日本の熱量については、確かに分析をする中では感じられませんでした。今までに私も何回か、試合の流れが変わる瞬間を経験したことがあります。たとえば中盤の選手が相手のバックパスに勢い良くスプリントをかけて、二度追い、三度追いを始めて、最後にスライディングしてボールに触る。相手ボールが続くけど、そこで拍手が沸いて、その選手をすごく褒める。そうやって試合の流れを一変させたことが、一昨年も自分のチームでありました。それはやはり、それだけの熱量をその選手が出したからだと思います。

私は『キングダム』という漫画が好きで、そこでは戦場でいつどこに、誰が火を起こすのか、という話が出てきます。サッカーはより戦に近いスポーツだと思っていますが、陣形があり、戦術も戦略もあって、それを指揮する将軍がいる。ピッチ内にリーダーがいる。試合が拮抗したときに、流れを変える将軍は誰か。サッカーもそういう戦に通ずるものがあるとすれば、確かにイラン戦の日本には、試合に火を点ける熱量を持った将軍がいませんでした。私はアナリストとして客観的なデータを使って試合を分析しますが、メンタルスポーツの要素も外せないと感じています。

たとえば前述した後半30分、イラン戦で三笘選手が唯一、ドリブルでライン際を独走した場面がありましたが、最終的に三笘選手はイランの選手2人に囲まれてカットされ、日本のスローインになりました。もし、あそこでペナルティーエリアまで仕掛け切って、コーナーキックを獲得したり、ゴール近くまで脅かしていたら、会場は大きく沸いたに違いありません。カタールのW杯でもそうした場面はあり、実際にドイツ戦では火が点いたと思います。ところが、この試合ではイランに2人がかりで、三笘選手の火を消されてしまいました。

三笘選手のドリブルをカットしたのは、キャプテンマークを巻いた7番のアリレザ・ジャハンバフシュ。ドリブルを止めた後にガッツポーズをし、雄叫びを上げています。彼は日本の火を消しただけでなく、イランに火を灯し、「行こうぜ！」と戦場を支配しました。これが冨安選手の言う「熱量」の正体だったのかもしれません。

日本は三笘選手のドリブルが通じなかったことへの絶望感が少なからず見られ、逆にイランは勇気を増しました。ピッチ上のリーダーはすごく大事で、栃木シティでも「この試合のリーダーになるんだ！」という話はミーティングでも出ますが、現実的にはＪＦＬではそこまで強烈なパーソナリティを持った選手は少ないです。ただし、これくらいのトップレベルになると、それをプレーで見せたり、強烈な個性をアクションで示したりと、試合の流れを変えられる選手がいました。

うまくいったドイツ戦と、うまくいかなかったイラン戦には、攻守をコンパクトに保ってトランジションで優位に立てたか否か、戦術的な分かれ目もありましたが、他にもこうした熱量や采配といった面で試合の流れを変える選手がいたのか。これも大きな違いだったと思います。それはパッキングレートやインペクトの試合中の変化として、明確に示されていました。

これは采配に関する結果論ですが、展開が落ち着かないオープンな状況があり、そこから逃れられないとき、日本は攻撃的な交代よりも、中盤でセカンドボールを回収できる選手を投入したほうが結果的には良かったのかもしれません。前半のようにポゼッションして試合をコントロールし、即時奪回も機能している状況ならともかく、前半39分以降はオープンな状況でイランに力押しされていたので、負傷明けの三笘選手よりも、それまでピッチに立っていた前田選手のほうが持ち味を発揮していました。森保監督は敗因について、自身の采配を挙げましたが、実際に思うところがあったのかもしれません。

いつ、流れが変わったのか。なぜ、変わったのか。

ドイツ戦にもイラン戦にも言えますが、パッキングレートやインペクトは全体のスコアだけでなく、前後半にどのように変動しているのかを時系列で見極めると、より有効になります。イラン戦は前半39分と後半20分に、スタッツの傾向が変わる瞬間がありました。私も栃木シティで監督と試合後にこうしたデータを元に話したりしますが、そうやって客観的スタッツで印象を整えつつ、試合を振り返ることは、より良い采配を模索することにつながります。

パッキングレートとインペクトを用いた3試合の分析をお送りしましたが、日本代表のウイニングデータ、流れを変える采配の成功と失敗など、多くの示唆が得られたのではないでしょうか。

次の章では、実際に私がアナリストとしてどのように監督を補佐しているのか。現場のデータ活用についてお伝えしていきます。

第３章

データの活かし方

橋谷式パッキングレート実践編

監督にべったりと寄り添い、思考を理解する

2022年、私は関東リーグ1部の栃木シティフットボールクラブで監督に就任した今矢直城さんの下で、ヘッドアナリストを務め、パッキングレートを用いたチームの分析を始めました。

栃木シティに入団したての頃、監督の今矢さんが目指す攻撃的なサッカーを理解しようと努めました。最初にプレゼンテーション映像で、プレーモデルを説明してもらいましたが、それだけでなく、今矢さんの思考を探るためにできるだけ多くのコミュニケーションを取りました。コーヒーショップで2人でお茶をしながら会話をしたことも覚えています。

これは私のアナリストとしての方針でもありますが、チームに入団したら監督にべったり付き、寄り添って、監督がどういうサッカーをやりたいのか、その思考を深く理解しようとします。一緒に過ごして、適当に試合を見ているときでも、「これってどう思います?」といった会話をよくします。「この間、マンチェスター・シティの試合を見たんだけど……見た?」と

言われたら、「見ました。こうだと思いました」「そうだよね。俺もそう思った。あのシーンはどう思った?」「あのシーンは……」など、とにかく会話を増やします。

そういったコミュニケーションを重ねるうちに、今矢さんの目指す攻撃的なサッカーのコンセプトを含めて、私の中には一つの考えが浮かんでいました。これは従来のスタッツだけではなく、垂直方向のアクションデータ、つまりパッキングレートとインペクトを取ったほうが、今矢さんにダイレクトにフィードバックできそうだな、と。

そこで今矢さんに、こう問いかけました。

「パッキングレートって知っていますか?」

私が予想した通り、今矢さんは興味津々の様子でした。そして私自身もずっと、このパッキングレートを用いた分析に挑戦したいと思っていました。それは2014年のブラジル対ドイツで脚光を浴び、パッキングレートに興味を持ったことも理由の一つですが、それ以外にもう一つ、実は私はフットサルの分析で似た手法を使い、すでに手応えを得ていたことも大きな理由としてありました。

私は2013年にフットサルの現役を引退した後、バルドラール浦安でGKコーチを始め、その後はフットサル女子日本代表や浦安で、GKコーチ兼アナリストを務めています。

その当時、私が分析に取り入れたのは、『アタッキングパス』と私自身が呼んでいた指標でした。簡単に言えば前進のパス、相手の守備を越えるパスのことで、それが試合中に何本あるのかを集計していました。きっかけはフットサルのスペイン代表監督でヘスス・カンデラスという監督がいまして、この方は前進のパス回数と、数的優位を作ったボール奪取の回数など、いくつか自分の指標を持ち、それを前半のうちにマネージャーにカウントさせていました。彼にとって、この相手やシステムとの対戦なら、アタッキングパスを何本以上出せなければダメだ、といった基準があり、それをハーフタイム中にボードに書いて、「取れてないぞ！」「もっと取れる！」とダイレクト・フィードバックのような形で使っていたと聞いたことがあります。

そういうやり方は面白いと思って、私も浦安でアタッキングパスを集計し、監督をサポートできればとトライしたのですが、正直、浦安ではプロのアナリストではなく、他に仕事を持っていたので、徹底し切れない部分はありました。しかし、サッカーに転身した栃木シティではプロのアナリストとして雇用していただき、自分のやりたいことに時間を使えるようになったので、今こそチャレンジしてみたい、これは良い機会だなと思いました。

つまりパッキングレートを提案したのは、今矢さんのサッカーに一番合っている指標だと思ったことと、自分自身がやりたいと抑え切れない気持ちを持っていたこと。両方の理由がありました。

実際に初めてパッキングレートを取ったのは、2022年のプレシーズンから取り始めました。今では1試合あたり3時間でパッキングレートを取れるようになりましたが、アナリストは他にもミーティング映像を作る仕事なども抱えていますし、最初はスタッツ収集に深夜までかかり、必死に作業したのを覚えています。

どうにかスタッツを取ると、それを見た監督はすごく気に入ってくれたように見えました。おそらく出てきた数値と試合の印象が一致したのではないかと思います。その後は毎試合パッキングレートとインペクトを取り、データを取り溜めていき、ミーティングでも提示して、チーム作りに活用していくことになります。

パッキングレートは垂直方向のアクションを数値化する、攻撃に関わるスタッツですが、逆に対戦相手のポイントを見れば、自分たちのディフェンスがどれほど効果を示したのかもわかります。相手がパッキングレートを取れていなければ、それはハイプレスが効いたのか、ミドルブロックが良かったのか。つまり、相手の前進を阻む守備がどれくらいできていたのかを見る指標としても活用できるわけです。パッキングレートを守備面の評価としても参考にできることを含め、気に入っていただいたようでした。

最初に定義を固める必要がある

こうしたパッキングレートを用いたデータ集計を始めるうえで、シーズン前に片付けておかなければならない課題がありました。それは定義です。これは後で掘り下げますが、データはシーズンを通して取り溜めてこそ、チームの傾向や変化など、何らかの兆候をキャッチすることができます。しかし、その取り溜めたデータの定義が、途中で変わったりブレたりしてはいけないので、最初に定義を固める必要があります。

たとえば、ドリブルをどう扱うか。よくある場面ですが、ビルドアップでセンターバックの間にボランチが下りて、センターバックはワイドに開く。そこで横パスをもらって、ドリブルで運んで2トップのラインを越える。この場合のパッキングレートは、2×1で2ポイントを加算します。つまり、相手の守備ラインを垂直方向に越えた場合は、パスだけでなく、ドリブル、頭上を越えるボールも同じようにカウントします。

では、ウイングがタッチライン際に開いて、1対1で縦に突破した。この場合は何ポイント入ると思いますか？ 1ポイント？ ではなく、たとえば相手が4バックで4人がラインに並んでいたとしたら、4×1で、このドリブル突破は4ポイントが加算されます。インパクトも同様に4ポイントです。

ただし、注意点として、パッキングレートやインペクトは「ゴールに対して垂直方向」の前進アクションについて、ポイントを加算するのが基本ですが、唯一、ペナルティーエリアのラインを越えた場所では、ポイントの加算方向が横向きになります【図11】。たとえば外から中へパスを入れて、走り込んだ選手が前を向いてプレーできたら、パッキングレートが2×1で2ポイント加算。さらにゴール前に相手がかなり多い場合を除けば、この2人がインペクト対象者に含まれる可能性もあります。

縦のドリブル突破と言っても、ペナルティーエリアの脇から縦へ行けば、むしろゴールから遠ざかっているので、ノーカウント。この場所では内側へ向かう動き、つまりコーナーフラッグ近辺から中央へ向かってボールを進めることを「前進」と見るわけです。

一方、ドリブルで加算はされなくても、その後にクロスを折り返せば、こちらが加算の対象になります。味方がシュートを打てれば【図12】、その位置によりますが、図の場合は3×1で、パッキングレートとインペクトがともに3ポイント入ります。一方、味方がシュートを打てなかった場合、あるいは競り合ってこぼれた場合はプレーが不成立としてポイントが入りません。

こぼれ球についてはカウントしませんが、その他のスタッツであるシュートやボックス侵入

図 11　ペナルティエリアのラインを越えた場所でのポイント換算

図12　クロスを折り返した後のシュート

やボックス内ゴールエリア幅でのボールタッチにカウントされるため、危険なエリアに侵入できていたかをその他のスタッツで補うという使い方になります。

オフサイドもプレーが成立していないので、カウントしません。ファウルを受けた場合は、マイボールになったので加算します。

バックパスはマイナス評価にならない

次にバックパスですが、これはノーカウントとして、ポイントの増減はありません。パッキングレートやインペクトは前進することで数値が上昇する指標なので、バックパスがそれに寄与していないのは明らかです。

ただし、バックパスはパッキングレートを加算できませんが、マイナス評価にならないのも注目点と言えるでしょう。これはつまり、詰まったサイドで無理に縦パスをねらって、0.2しか取れないプレーを繰り返すよりも、一旦バックパスして横に振り、スペースを見つけて縦パスを差し込むほうが、レート1を効果的に取れる可能性があることを示しています。

たとえば4－4－2の相手に対して、ディフェンスラインから逆サイドに振って縦パスを成功させた場合は、相手の2トップとMF4人の計6人を置き去りにし、6×1でパッキングレートが6ポイントも増えます。インペクトも入ります。実際、バックパスを使いつつも広いスペースに展開して前進すれば、狭いところを攻め続けるよりも大きなチャンスにつながるので、バックパスをプラスにもマイナスにも換算しないのは、理にかなった基準になっていると思います。

横向きのプレーはどうするか？

1と0・2のレート区分について、要点はボールを受けた選手が前を向いたのか、後ろを向いているのかですが、ならば当然、「横向きはどうなの？」という疑問が出てくるかと思います。ボールを受けて横向きにプレーするケースは、試合で多発しますが、パッキングレートはどう計測するか？　1か？　0・2か？

この判定は少し主観が入ります。その横向きのプレーが、ゴールに向かうものだった場合は、ポジティブなアクションとして1と見なすことにしました。一方、横を向いた後に外へ出してボールキープを優先するような選択だった場合は、ゴールから遠ざかる保守的なアクションとして、0・2と解釈しています。

たとえば、ウイングの選手がサイドに張ってボールを受けたときに、中へ切り込んでいく横向きのトラップをしました。これはゴールへの方向付けをしているので、レート1です。逆にインサイドハーフの選手などが、受けて外側へターンし、サイドへボールを逃がした。これはゴールに背を向けているニュアンスになるので、0・2です。

ただし、インサイドハーフが受けて外側を向いたとき、インナーラップしてきたサイドバックの背後への飛び出しへ呼応し、スルーパスを出したとすれば、それはポジティブなアクションです。前向きとほぼ変わらないプレー選択になるので、インサイドハーフが受けた縦パスも、レート1とする。このあたりはデータを収集した人の主観も入ります。

もしかすると、この定義はチームによって、あるいはドイツでは異なるやり方があるかもしれません。インペクト社でも現時点では200人以上を動員した人力で集計を行っているそうですが、定義をどれだけ精密に行ったとしても、やはりサッカーは無限のパターンがあるので、ある程度の主観は交じってくると思います。

だからこそ、定義を明確にすることに加えて、自分のチームのデータ収集はできるだけ1人のアナリストが担当するのがベストです。数値が上がった、下がったと異変が起きたとき、そのデータ収集を違う人間の主観によって行っていると、データそのものが収集段階でブレている疑いがあります。そうなると、シーズンを通してスタッツを取る意義が薄れてしまう。

どんな定義だとしても、その定義が監督とアナリストの間で合意されていること、そして、担当するアナリストを統一すること。これはデータの正確性において重要なポイントだと思います。

レイオフの集計はどうすべきか

また、これはパッキングレートの集計のやり方を説明するときに必ずと言っていいほど質問が来る議題になります。FWのポストプレーからMFなどへボールを落とす場面です。

FWは前を向けていないので、そこへのパスのレートは、通常なら0・2です。その後、味方へ落とすのはバックパスですから、ポイントは入りません。最終的に味方は前を向いてプレーしているのに、レートは0・2のみで、点数が低くなってしまいます。

プレーの生産性から考えると、レイオフは縦パスによって前を向いたのと変わりはないはずと私も思っていましたが、すでにレイオフのレートを0・2にするという定義でスタートしてましたから、最初のシーズンは0・2のまま最後まで進み、次のシーズンからはレイオフをレート1で集計するように変更しました。シーズン中に変えると、先ほど説明したようにデータにブレが出てしまって取り続ける意味が薄れてしまうので、基本的にはシーズン中に定義を変えることは避けたほうが良いと私は考えます。

また、別の議論でレイオフのレートは0・5にするかなど、そんな議論もありました。ただし、レートの種類が増えると、私の作業上も3種類になるので、時間的なコストが上がります。定義を増やすことで得られるメリットがあるとしても、私のように手作業でデータを取る場合は時間的なコストも考えながら定義を決めていく必要があります。なのでレイオフに関してはレートを増やさず当初からあった2種類のレートで行きたいと話をして、やっぱり前向きの選手にボールを渡せているんだから、レートは1で良いんじゃないか、という結論になりました。こうした件一つを取っても、定義については監督とよく話すということが、アナリストにとっては最も大事であると私は考えています。

相手陣地で取られたインパクトは無視する

さらにインパクトに関しても、少し調整しました。相手陣地に押し込む展開が多くなった時の話です、相手陣地に深く押し込む状況ということは、ボールを奪われたときに相手のインペクト対象者になる選手が、相手陣地にいることがあります。そうなると、トランジションの一発のパスで、インペクトを取られることになります【図13】。

ただし、まだ自陣に入られてもいないのに、それは過剰ではないか？　相手陣地でトランジションから一本パスをつながれたからといって、それが即、危機とは思えない。ＤＦの背後を取られた、という感覚がなかったのです。

これに関しては監督と協議して、「相手陣地で取られたインペクトは入れなくてもいい」という結論になりました。守備側のゴールに近い場所でディフェンスの背後を攻略したインペクトと、奪われた直後に一本縦に入っただけのインペクトは、全然違う話だろうと。

そんなわけでインペクトに関しては、自陣で取られたものだけをカウントし、私たちが取るインペクトも、敵陣で取った数だけをカウントするようにしました。ただ、相手陣地のインペクトをどうするかについては、攻撃時のリスク管理について評価したいのであればあってもいいと私は考えています。「何を取って何を取らないのか」は、アナリストがチームの状況や監督の目指すサッカーを理解したうえでカスタマイズしていけばいいと思います。

図13　トランジションの一発のパス

スローインのポイントの考え方

あとはスローインです。これも前進の一つと考えられるので、ポイントに入れるように定義しました。スローインを前へ投げて、味方が前を向くシーンは、クイックスローでは成立しますし、それを意図的に行って前進したときは加算するのが妥当だと思います。

一方、ロングスローはカウントとしては微妙なところです。本当にバンッと合わせることができれば加算してもいいですが、かすっただけ、触っただけだとプレーできていないので、そこはノーカウントが妥当かもしれません。

たとえば、タッチライン際でパスを受けようとして触ったけど、コントロールできず、そのままタッチラインを割って出てしまった。それはプレーできていないので、カウントしません。ロングスローも同じ考え方です。ボールが意図せず、こぼれてしまったらノーカウント。プレーできたか、できていないかが、大事なポイントです。

もちろん、こぼれ球がサッカーにおいて重要な要素であることは認識していますが、そうした偶然性を多く含むもの、性質が違うプレーを、同じ「前進」としてパッキングレートに加算してしまうと、スタッツ上で混乱をきたすのではないかと思います。気になる場合は、ロングスローの回数、そこからシュートに至った割合などを別集計するのが良いかもしれません。

シュートの項目を追加した経緯

ここからは試合後のレポートについてですが、まず私の考えとして、サッカーというスポーツはどんな戦術においても重要なスタッツはある程度決まっていると思います。その中で、やはり参考となるのは『J STATS』（Jリーグオフィシャルスタッツ）やFIFA（国際サッカー連盟）の公式HPに載っているような項目は参考になることが多く、私もそれをよく参考にしています。パッキングレートとインペクトは抽象的な統計値なので、もう少し実際のプレー、イメージと結びつく根拠が欲しいということで、シュートの項目はもちろん必須で入ります。

前進をパッキングレートで数値化し、DFの攻略数をインペクトで数値化したら、最後はシュートです。サッカーは相手よりも得点を奪えば勝てる競技なので、ゴールに一番近い関係性を持っているのはシュート。もしかしたら、インペクトを取っても、その後にシュートを打っておらず、ゴールに結びつかなかったかもしれない。そこに問題が隠れているかもしれないので、インパクトとゴールを結ぶ中間にもう一つ、シュート数を入れる。もちろん、インパクトが相手よりも多ければ、負けない確率が8割以上というのは最初から話はしていますが、それもわかったうえで、イメージしやすいシュート数も加えて、数字の根拠を肉付けし、さらに取り溜めていきました。長く続ければ、パッキングレートがこのくらいだと自分たちにとっては良い試合、逆にこれでは足りない、という感覚もわかってきますが、慣れるまでは色々なスタッツと合わせたほうが把握しやすいと思います。

シュート数などの周辺データは元々取っていたものですが、試合後のレポートとして、みんなに何を見せるのかは試行錯誤しました。パッキングレートとインパクト、それから徐々にシュートだけでなく、ボックス侵入、ラインブレイク、一時期はシュートの内訳を入れたこともありました。

ピッチの分け方について

ピッチをどのように分けるのかはチームによって様々です。ピッチを自陣と相手陣地の2つに分けるやり方、アタッキングサード、ミドルサード、ディフェンシブサードと3つに分けるやり方、ＤＦラインに合わせてゾーンを決めるやり方、などチームによって様々あるので、これについてはアナリストは監督にピッチの分け方を確認する必要があります。どれがいいというものはあまりないと思っています、監督の見やすい分け方や選手がわかりやすいものにすることが正解だと思います。

本書では相手のＤＦラインに対して１、２、３、４の４つのゾーンに分けて説明していきます。自陣側がゾーン１、相手ＦＷを越えたところがゾーン２、相手の中盤とディフェンスラインの間がゾーン３、相手ディフェンスラインの背後がゾーン４です。当然、これらの位置は相手のラインによって変化するので、ゾーン３が狭くなったり、無くなったりすることもあります。

このゾーン４を取った回数（ラインブレイク）は、相手ＤＦの背後なのでインパクトとも関係しますが、ゴールに直結する数字であり、非常に大事な指標になるため、そこでボックス侵入の数とともに、試合レポートに入れることが望ましいと考えます。

シュートは「シュートを試みた回数」を集計する

次にシュート数ですが、私が収集するシュートの定義は、公式記録とは若干違います。私は

「シュートを試みた回数」という定義で取っていました。公式記録上ではゴール方向へボールが飛ばなかったとき、たとえば至近距離でディフェンスにブロックされたときなどは、シュートというカウントにならないと思いますが、私のデータの取り方ではシュートとします。なぜなら、ゴールを決めるプレーはシュートですよね？　稀にクロスがゴールになるなどゴールが生まれるプレーは他にもありますが、ゴールを決めるプレーをシュートと考えるとゴールに直結するトライが重要なので、結果的にゴール方向へ飛んだか否かにかかわらず、そのトライを数えることが必要だったからです。これは私がサッカー界へ来る前、フットサルの浦安でアナリストをやっていた頃から、基準として取り入れていた考え方でした。

そのシュートの内訳は、今はレポートには入れていませんが、試行錯誤の一つとして入れた時期がありました。「ディフェンス」はブロックされたシュート、「アウト」は枠外、「GK」はGKにセーブされたものです。レポートから外した理由は、チームの様子を見ながら、必要なくなったというか、みんなの主観に任せても問題はないと感じたからです。ただ、集計自体は常にしているので、レポートとして見せていないだけで、裏では私が保持しています。

図14　最終的な試合の分析レポート（サンプル）

×××	3―1	×××
	ポゼッション率	
45%	10%	45%
	パッキングレート	
318.6		154.6
131.4	1st	75.2
187.2	2nd	79.4
	インペクト	
92.2		62.8
39.4	1st	30.4
52.8	2nd	32.4
	シュート	
13		13
	ラインブレイク	
14		12
	ボックス侵入	
22		21
	クロス	
21		17
	コーナーキック	
7		5
	ゴールエリア侵入	
7		10

トレンドとして最後に加えたのは「ゴールエリア」

こうした試行錯誤を繰り返しながら、最終的に試合の分析レポートは、このような形になりました【図14】。

カタールのワールドカップから、ポゼッション率は中立（どちらのボールでもない競争状態）を含めて表示されるようになったので、それに合わせています。トレンドを取り入れた形ですが、ボールが空中を飛び交うような蹴り合いの試合になった場合は、この中立のパーセンテージが上昇するので、試合の様子を把握する一つの目安にはなると思います。

どのくらいが多いのか、どのくらいが少ないのか、まだ数字の感覚には慣れていませんが、試合の全景を把握するという視点では、従来のポゼッション率よりも情報が増えていると思います。

「ゴールエリア侵入」の項目は最後に加えたものです。ＪＦＡが発表したカタールのワールドカップの統計によれば、大会中にオープンプレーで生まれた１２６得点のうち、１１６点がペナルティーエリア内、10点がペナルティーエリア外と、エリア内が92・1％という圧倒的な割合です。さらにエリア内の１１６得点のうち、ゴールエリアの幅内で生まれたゴールは97点、ゴールエリアの幅外で生まれたゴールが19点でした。ちなみにシュートに至るタッチ数は、1タッチが81点で圧倒的に多く、2タッチが27点、3タッチが10点です。

つまり、全体のゴールの77％（97／126）は、ペナルティーエリア内かつゴールエリアの幅内で生まれ、なおかつ1タッチが多いわけです。守備の相手も多い場所なので、侵入は簡単ではありませんが、こうした統計が出てきたのならば、私たちもそこでボールを受けた回数、プレーした回数の基準を作ってもいいのではないかと思うので今後は必須項目になると考えます。ただ、トレンドが変われば、また違う指標をここに追加したほうが良いと思うので、ワールドカップやユーロなど大きな大会が終わるたびに新たなトレンドが生まれてないかと情報収集する必要があると思います。

トレンドを入れるという考え方は、常に世界のベストと自分たちを比較したいという考えから来ています。現時点で自分たちがどの立ち位置にいるのか？　客観的なデータで比較できるものがあればそれもまたチームの積み重ねの材料として活用できると思います。

一枚の絵を見ながら全員が〝雑談〟できる空間

このようにして作った試合の分析レポートは雑談や議論を生む役割があり、そこで生まれる意見が試合を振り返るのにとても重要になります。たとえば、ミーティング前に分析レポートをみんなが見られるようにプロジェクターやモニターに映し出しておくだけでも、それを見ながらそれぞれが考察し、「やっぱり数字出てるよね」「相手も意外と取っているな」と雑談のように話しながら、試合を思い出し、みんなの印象をすり合わせていくことにもつながります。

会議のように堅苦しい雰囲気の中で分析レポートを見るよりもフランクな見せ方のほうが良い議論を生み出すことができますし、そもそもサッカーは正解のないスポーツなので、色々な見方があって当然です。正解を言わなくてはいけないという空気間があると、思ったことも発言できなくなります。良い議論を生むためには誰もが意見を言える安心・安全な空間作りは重要なポイントです。試合に関してはそれぞれが印象に残った視点がありますし、着目していたポイントもそれぞれです。ただ、試合の大きな流れとしてはこうだったと、客観的事実を加えて印象を整える。感覚を数値化する、定量化するといった使い方がまずは一番かなと思っています。

ただし、方向性を示す場となるフィードバックを伝える場面では引き締まったピリッとした空気感のほうが望ましいので、空気感の使い分けはとても大切です。

ディストリビューション（出し手）とレシーブ（受け手）の算出

このようにチームのスタッツを眺めていると、実際に個人としてはどれくらいポイントが取れていたのかを算出することで試合の振り返りの質が向上します。

パッキングレートとインペクトは、チーム全体でポイントを計測することに加えて、パスと出し手と受け手の関係で、誰がパッキングレートのディストリビューション（出し手）のポイントを取ったのか、誰がレシーブ（受け手）のポイントを取ったのか、各選手のポイントを個別に出すことでより正確に試合の振り返りができるようになります。

当然ですが、攻撃は後ろから始まるので、ディストリビューションという点では、DFなど後ろの選手が多くなります。センターバックがボランチへパスを通し、相手FWの背後でターンして前を向けたら、2ポイントです。あるいはサイドバックへパスを通し、相手FWのラインを越えていれば、これも2ポイント。こうしたパスは試合中にたくさん使うので、後ろの選手はパッキングレートのディストリビューションが高くなければいけません。

逆に受け手になることが多い、前方の選手は、パッキングレートのレシーブの数値が高くなるのが普通です。さらにインペクトのレシーブが高い選手については、相手のディフェンスラインを越える動きが多く、背後へ抜ける動きを多く出したと評価できます。

また、個別にスタッツを出すと、そこから傾向が見えることもあります。たとえばFWや攻撃的MFなど前の選手は、パスの受け手になる回数が多いので、本来はレシーブポイントが高くなるべきポジションです。ところが、後ろ向きでしかプレーできず、前を向けない選手は、レートを0・2しか取れないので、レシーブのポイントが上がりません。また、その受けたボールを後ろ向きのままバックパスで返すことも増えるため、ディストリビューションも伸びません。

『0・2』が多い選手に注目する

そうした個別の数字を見ながら、ボールを受けていたがその後は前にプレーできていなく、レート1を取れていない選手などは、やはり目に付きますし、その選手のプレーの印象と数値が一致することが多々あります。相手の守り方などにも影響を受けることを考慮するのはもちろんですが、ポイントの偏りなども見えるようになるため、問題がどこにあったのかも正確に見つけることができます。あるいは、全体的に低調だったものの、前線の選手がパッキングレートのレシーブができていたが次のプレーにつなげられなかった、ということが数値として出た場合は、ボールを受ける部分については納得しつつも、受けた後のプレーなど、課題や優先事項とスタッツを照らし合わせながら、今後に向けた方針をより明確に考えられるようになります。

また、0・2のレートが多く、レシーブの数値が悪い選手が出てきたら、改めてその選手のプレーだけを抽出し、映像を見直したりもします。原因は出し手のタイミングが悪かった可能性もあるので、ポイントが少ない選手の映像を調べるときは、ポジションをしっかり取っていたか、タイミングが良かったか。そのあたりを振り返って問題を明らかにします。

そこからは個別のアプローチです。選手に対して私やコーチが直接行き、フィードバックします。これは毎回やることではありませんが、数値が出るはずの選手が出なかったときなど、気になったら「見返してみるか」と映像を振り返るきっかけになっていました。

「1分あたりの数値」が稼げる指標

個人の数字に関しては、90分フル出場した選手が多くなるのは当然なので、1分あたりのスコアも出します。特に途中出場が多い選手については、単位時間を揃えなければ貢献度を測ることができないので、この1分あたりの数字が、「この選手はどのくらいパッキングレートやインペクトを稼げる選手なのか」を測る目安になります。

たとえば、リードしている状況でクローザーとして出てきた選手に、とにかく走り回って、ボールを奪って、前へつなげてほしいと要求することが多ければ、「クローザーには1分あたりのパッキングレートが◯◯ポイントを越えてほしいね」といった話題にもなると思います。誰かのインペクトのレシーブが目立って高くなっていたら、「確かにあの選手は背後によく走っていたな」といったように、試合が終わった後に注目ポイントを確認しながら試合を振り返ります。

組み合わせの相性も数値に出る

個人スタッツから、組み合わせが見えることもあります。たとえば、サイドバックの選手のインペクト・レシーブが高い試合があるとします。ＤＦは通常ならディストリビューションの数字が高くなるので、なぜだろうと。そこで、前にいるサイドハーフの数字を見ると、彼は逆にディストリビューションが高い。その選手は中に入ってプレーすることが得意な選手だったので、この選手のプレースタイルに引っ張られて、サイドバックのインペクト・レシーブが高く出た、ということがわかります。このように組み合わせのメリットとデメリットを把握して選手同士の相性を測ることもできます。

一方、ときどき、数字が意外に感じられることもあります。簡単に言うと、印象があまり良くなかったけど数字が出ていたケースです。印象と数字にギャップがあった場合こそ、この個人分析の本領発揮と言えます。イメージに引っ張られ過ぎた可能性がある場合は、もう一度その選手のプレーを見直してみよう、そんな流れになることもあります。

つまり、その選手は数字に助けられたわけです。試合の主観的な印象ではあまり動きが良くない、動きが鈍いと思っていたけど、パッキングレートやインペクトで数値化してみると、意外とできているな、試合に貢献しているな、と見方が変わったりもします。主観だけに引っ張られないように、印象を整える、印象の精度を上げる。そういった振り返りのために、よく使用します。

ミーティングの前に少しの時間を取って話し合うだけですが、それを続けて行くと「自分たちだったらこのくらいは出せるよね」「この試合ならこのくらいは行ったんじゃないか」と、数字に対する感覚が芽生え始めます。それにより、監督だけでなく、コーチやフィジカルコーチ、GKコーチを含めて、コーチ陣の目が揃いやすくなると思います。

効果的なミーティングとは

そうした効果を発揮するためには、スタッフミーティングの雰囲気も大事です。ちなみに栃木シティではミーティング中に誰が何を言っても大丈夫という安心・安全な雰囲気があるのがとても素敵だと思います。仮に反対意見があったとしても、空気が悪くなることはありません。「それもありだよね」「それもありだよね」という感じで受け入れてくれます。仮に提案が却下される場合でも、「意見を出してくれてありがとう。でもチームとしてはこう行きたいと思っている」という感じで前向きにまとめてくれるので、たとえ採用されなくても、嫌な気持ちにはなりませんでした。

そういう雰囲気があるからこそ、数字を見て、みんなが感じたことを自由に話して試合の印象を整えるということが、効果を発揮したのではないかと思います。私が前に立ってプレゼンをするといったわけでもなく、大きく映した画面を見るだけです。しばらく腕組みをしながら、「ここがたぶん足りなかったな」「どう思う？　あそこがプレスかけられたから、数字上がらなかったんじゃない？」「もう少しワイド取ったら良かったんじゃないか？」といったふうに、みんなが話し始める。ミーティングというより雑談に近く、そういう会話が自然と成り立っていました。

そうした中から、「センターバックからのビルドアップ足りなかったよね。その選手が配球したシーンと、配球できなかったシーン。映像ピックアップして俺に送ってくれる？」とヘッドコーチから依頼を受けます。映像には全部タグを付けているので、パッパッとカットしてまとめ、そのコーチのiPadに送る。そしてコーチは選手に個別に見せに行って、映像を見ながらディスカッションする。そんなやり取りも行われます。振り返りの精度の高さとスピード感がこのチームの強さなのだと私は強く思っています。

イメージを裏付ける「セカンドアシスト」

個人のデータで言うと、パッキングレートとインペクトの他にもアクションデータを色々と取っているのですが、その一つにセカンドアシストがあります。セカンドアシストとは、ラストパスにつながる、その前のパスのことです。そのパスを出した選手もデータを集計していました。

ラインブレイクして、ポケットから折り返してゴールという王道の形を考えると、ラインブレイクした時点で、状況的には詰んでいる可能性があります。となると、そのラインブレイクしたパスこそがキーパスなので、出した選手は割り出したほうがいい、と。シュートにつながる貢献をした選手をわかりやすくしたい、というねらいはありました。

もちろん、セカンドアシストはインパクトを取れば概ね吸収できる内容ではありますが、ラインブレイクやセカンドアシストは直接的なアクションデータなので、イメージの裏付けをしやすく、強い説得力を持つメリットもあります。

逆にインパクトは抽象値ではありますが、結果につながらなくても、たとえば味方がシュートを外しても、DFを攻略するキーパスを出したことはきちんとカウントされるので、選手にとってはより公平な数字と言えます。

つまり、データはそれぞれがお互いの理由を証明したり、欠点を補完したりするので、重なり合うところはあって然るべきです。そうやって抽象度の高いデータと、具体的なアクションデータを関連付けしながら使うことも大事だと思います。

個人データは基本的に選手に見せない

このようにパッキングレートやインパクトは個人スタッツも含めて取ると、見える情報が増えます。ただし、これを活用したのはコーチミーティングだけで、基本的に選手たち本人には個人スタッツを見せないほうがいいと考えます。

そこには個人に対してネガティブなものと、ポジティブなものが存在するので、むやみに見せるべきではないと思っています。また、もう一つの理由として、選手はやはり主観でプレーするということもあります。データは取っていますが、サッカー自体は人間が行うスポーツです。数値で評価されているような感覚は、あまり選手には届かないようにしたいと個人的には考えています。チーム全体のスタッツはＯＫですが、「選手の個別データを取っている」と言えば、構えてしまう選手、意識してしまう選手もいると思うので、その点は人間がやっているスポーツという感覚を大事にしたいと思っています。

一方で、選手の中にマインドができて、客観的な意見を求めていたり、たとえばパフォーマンスに悩んでいる選手が、自分のようなアナリストを頼ってきたときに、「自分の良いときと悪いときで、数字的に見えているものがあったら教えてもらえませんか」と、そういうマインドで来てくれた場合は伝えても構わないと思います。あの試合はこういう数値が出ていたよ、あの試合のプレーを思い返してみるとどう？　どうやってプレーしていた？　最近の試合では数値がここまで下がってきているんだよ、といった具合に、選手が自分の感覚とすり合わせたときにどういうギャップがあるのかを知る。「確かに足下、足下になって、背後の動きが減っていたかもしれませんね」「この数値を見ると、それは言えると思うよ」といった会話が想定されると思います。

ただ、やはりベースは選手が主体になってプレーするのがサッカーなので、強く意識はされたくないですし、支えるだけというか、特に個別データについては使い方に注意したほうが良いと思っています。

これは私自身の失敗談ではありませんが、アナリストの先輩方の話を聞く中で、監督によってはアナリストが出した数字を選手に見せつけて、「お前らこんなにできてねえんだぞ」と振る舞ってしまう人がいると聞きます。でも選手からすれば、「それはこういう状況だったじゃん」「すごくマンマークされてボールに触れなかった」とか、「この試合の展開では無理じゃん！」と捉えると思います。データも完璧ではないので、そのあたりの抜け道というか、突っ込み合いになってしまいます。

たとえば私にとっても、２０２２年のレイオフを加算していなかった時期に、「レイオフで前向いてたじゃん！」と、その点を突っ込まれると苦しくなったと思います。そもそも試合のスタッツは、対戦相手との相対性に基づくものなので、絶対的な評価は難しいのです。プレーをしているのは人間であって、あくまでも数字というのは選手を評価するものではなく、選手みんなが思い描いているプレーの主観を支えるもの。そういうふうに捉えていました。

一番良くないのは、その数値で選手を評価していると思われたとき、「もうとにかく縦パスをばんばん入れればいいや」となってしまうこと。横に振ったほうがいいときもあるのに、「でも縦パスが通ったら評価されるんでしょ」と、そういう極端なマインドで受け取られると、目的が変わってしまいます。私が選手に個人データを見せないのは、これが一番大きな理由でした。

ボールロストを集計から外す理由

何を見せるか、何を見せないか。その意味で言えば、個人の評価項目としてボールロストの数も取る必要はないと考えます。『アタッキングフットボール』を目指す以上、前へチャレンジするサッカーなので、やはりロストは増えます。そのロストをカウントして、この選手はロストが多いからと、ミスを測る指標にしてしまうと、「勇敢に戦おう」「チャレンジしよう」と言っているのに、「でもロストするなよ」「お前はロスト5回もあったぞ」では、辻褄が合いません。もし、ボールロストが評価基準にあるのだとしたら、「じゃあ攻めるのやめよう」となってしまいます。

やはり、勇敢に戦うアタッキングフットボールであれば、ボールロストは指標として残さないほうがいいのではないか。そういう数字がミーティングやコミュニケーションの中で一切出て来ないほうが、選手は安心するのではないかと考えます。

ただし、このロストについてはチーム全体の分析については必要なところもあるので、すべてロストがいらないというわけではありません。ゲーム分析する中でどのフェーズでロストが多いのか？　などのチームの傾向や課題について知るためには、ロストはゲーム全体の分析の中には必要です。とはいえ、個人の分析項目では、ロストは入れずに、選手に対しては「果敢にプレーしてほしいから、ロストは取っていないよ。思い切ってトライしてほしい」と、そういう伝え方になると思います。

一般的には、ボールロストなどのネガティブな数字は、監督がある選手をスタメンから外すときに、理由を説明する材料の一つとして提示するケースはあるとは思います。

そういう意味では、パッキングレートやインペクトなどの個人スタッツが基準だったと選手に伝わることはあまりないと思います。私としてもサッカーは人間がプレーしていることを大切にしたいです。データに支配されているような印象は与えたくないですね。

パッキングレートやインペクトなどのスタッツは、チーム内での印象を整えるという使い方と、もう一つは現在地を示すような役割もあるのかなと思っています。現在地からチームがどういう成長曲線を描いて、どこへ向かうのか。どこへ行こうとしているのか。それを示すための分析の中で、『波』を先回りして可視化することも、アナリストには求められていると思います。

といっても、アナリストは万能の魔法使いではないので、何でもわかるわけではありません。地道に記録を残し、情報を整理して、監督の決断をサポートしていく。そうやって監督を支えるために、私たちの仕事があるのだと思います。

マンチェスター・シティ対トッテナム（2023年12月）

アタッキングフットボール同士の戦いを数値化

パッキングレートやインペクトをどう定義するか。付随させるマッチスタッツに何を選ぶか。計測の前提となる部分について、チーム内での活用法を加えつつ、ここまではお伝えしてきました。

次は実際のゲームで私が取った実測値を見ながら、そこから得られる成果、気づきを探求していきます。パッキングレートやインペクトにはどれほどの価値があるのか、どんなことがわかるのか。それを具体的に体感していただければと思います。

今回、私が分析対象に選んだのは、昨シーズンのプレミアリーグ、マンチェスター・シティ対トッテナムの各ホームで行われた2試合です。シティのホーム戦は2023年12月、トッテナムのホーム戦は2024年5月に行われました。

この2試合を選んだ理由は、トッテナムを指揮するのがアタッキングフットボールを志向するアンジェ・ポステコグルー監督であり、常にゴールを目指す前進を大切にするため、パッキングレートやインペクトを使った分析がハマりやすいチームだろうと思ったこと、そしておそらく、マンチェスター・シティも同様のチームと推測したからです。欧州のトップクラブが出す数字には以前から興味があったので、この機会に豪華なサンプルとして、計測させていただきました。

まずは1試合目、シティのホームで行われた試合ですが、スコアは3－3でした。結果は引き分けですが、内容はどうだったのか。マッチスタッツを見てみましょう【図15】【図16】。

図15　プレミアリーグ 2023-24　第14節（23／12／04）

3（2-1 / 1-2）3

マンチェスター・シティ		トッテナム
9分　オウンゴール 31分　フォーデン 81分　グリーリッシュ	得点	6分　ソン・フンミン 69分　ロ・チェルソ 90分　クルゼフスキ

先発メンバー		先発メンバー	
31	エデルソン	13	ヴィカリオ
24	グヴァルディオル	33	ベン・デイビス
3	ルベン・ディアス	38	ウドジェ
2	カイル・ウォーカー	23	ペドロ・ポロ
11	ドク	12	エメルソン・ロイヤル
20	ベルナルド・シウバ	22	ブレナン・ジョンソン
19	アルバレス	8	イヴ・ビスマ
47	フォーデン	11	ブライアン・ヒル
16	ロドリ	21	デヤン・クルゼフスキ
25	マヌエル・アカンジ	18	ロ・チェルソ
9	ハーランド	7	ソン・フンミン
控え選手		**控え選手**	
82	リコ・ルイス	63	ジェイミー・ドンリー
10	グリーリッシュ	36	アレホ・ベリズ
18	シュテファンオルテガ	5	ホイビュルク
8	マテオ・コバチッチ	65	ドリントン
6	ナタン・アケ	40	オースティン
5	ジョン・ストーンズ	4	オリバー・スキップ
4	カルバンフィリップス	9	リシャルリソン
52	オスカー・ボブ	20	フォースター
21	セルヒオ・ゴメス	58	サンティアゴ
監督	ペップ・グアルディオラ	監督	アンジェ・ポステコグルー

図16 第14節のマッチスタッツ

プレミアリーグ 2023-24 第14節（23/12/04）

マンチェスター・シティ 3 (2-1 / 1-2) 3 トッテナム

	マンチェスター・シティ		トッテナム
ポゼッション率	55%		45%
パッキングレート	479		263.4
	286.4	1st	112.8
	192.6	2nd	150.6
インペクト	108.8		54.2
	69.2	1st	23
	39.6	2nd	31.2
シュート	15		7
ラインブレイク	8		8
ボックス侵入	30		14
クロス	14		9
コーナーキック	10		8
ゴールエリア侵入	9		2

トッテナムはポステコグルーさんが監督になって初年度、初めてのマンチェスター・シティ戦でした。ポゼッション率を見ると、シティが55％を握っています。パッキングレートも479と263・4、シティが上回っているので、違和感のない数字です。一方で前半と後半を分けると、後半はトッテナムがポイントをやや上げていますが、全体的にはシティがボールを握って前進させた試合と言えます。

インペクトに関しては、108・8と54・2でマンチェスター・シティがほぼ倍の数値を叩き出し、特に前半は圧倒的な差が出ました。シティのハイプレッシングや即時奪回が効果的で、トッテナムが思うように前進させてもらえませんでした。ただ、さすがポステコグルーさんだと思うのは、ボールを奪われてもゴールキックを蹴り出さず、ビルドアップで前進しようとトライし続けたことです。トランジションで反撃を食らっても、ずっと繰り返していたので、監督の信念を感じたところです。

そんなふうに前半はシティのゲームで、2－1とリードして後半を迎えるわけですが、後半はやや流れが変わりました。このあたりの変化がわかるように、5分刻みでインペクトの増加を示す時系列グラフを作っています【図17】。

毎試合の前半にパッキングレートとインペクトをリアルタイムで取り、ハーフタイムまでにグラフを完成させます。単純なポイントの合計だけでなく、時間の経過とともにどのように変

図 17 時間の経過とともにわかるインパクト値の増加①

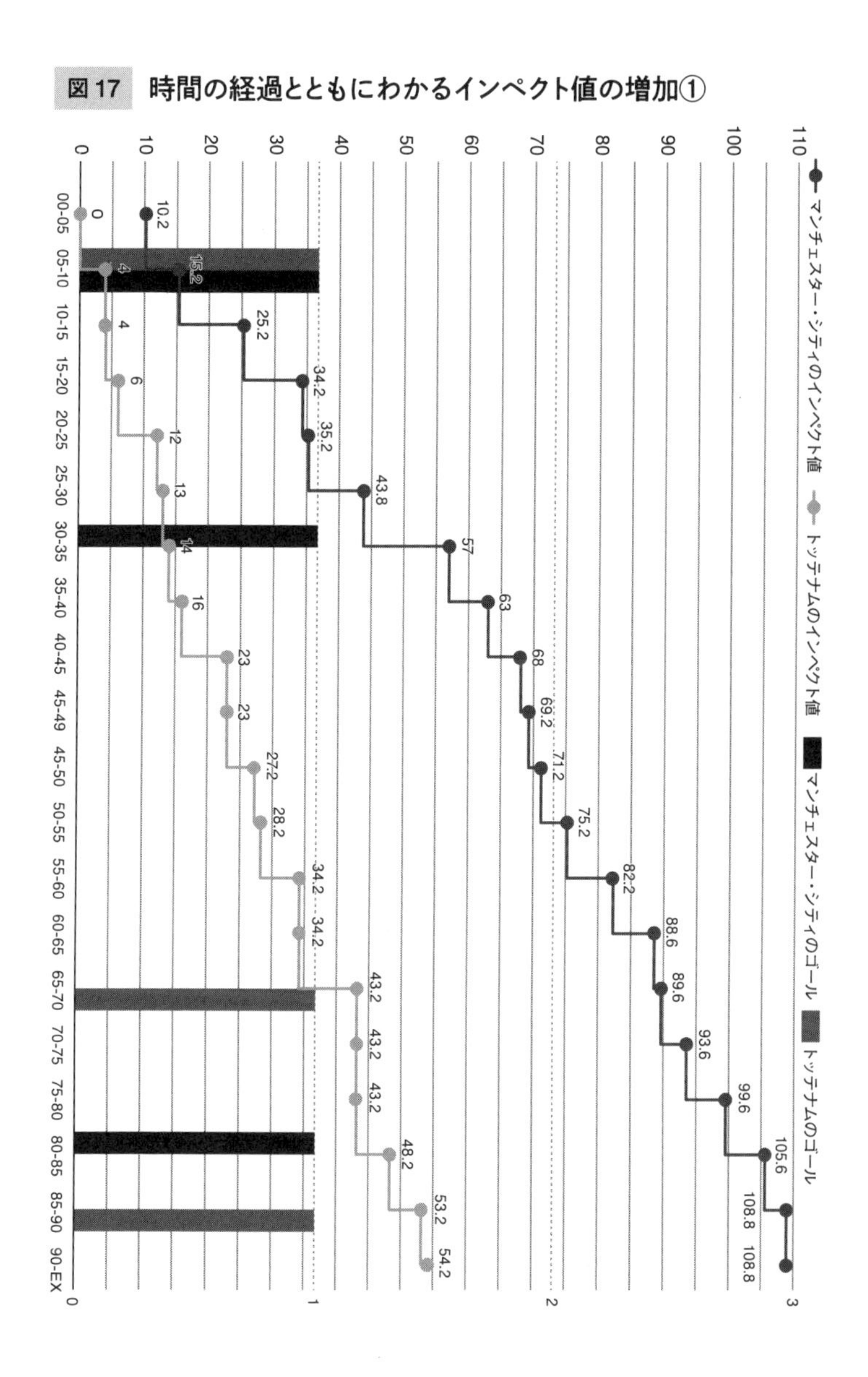

化したのか。試合の流れとして、視覚的にわかるようにしています。

余談ですが、このグラフは『J STATS』が載せているゴール期待値のグラフを参考にしました。横軸に経過時間、縦軸にゴール期待値を取って、時間とともにどういうふうに増えていくのかを表すグラフだったのですが、それがすごくわかりやすかったので、インパクトで同様のグラフを作成してみました。個人的には試合の流れがわかりやすいグラフだと思っています。

では早速、この時系列グラフで試合を見てみましょう。濃い線がマンチェスター・シティ、やや薄い線がトッテナムです。立ち上がりの5分間は、シティのハイプレスが機能し、トッテナムに一度もハーフウェイラインを越えさせない展開でした。シティだけが一方的にインパクトを積み重ねています。

ところが前半6分、先制したのはトッテナムでした。マンチェスター・シティのCKのカウンターから、この試合で初めてトッテナムが相手のコートに入り、背後へ抜け出して初めてのインパクトを加算した後、ソン・フンミンが先制ゴールを挙げています。シティとしては、ハイプレスや即時奪回が機能しながらも、カウンター一発で失点という立ち上がりでした。ただし、試合自体はシティが支配していたので、前半はその後もシティがインパクトを加算して差が広がり、スコアでも2-1と逆転に成功します。

後半になると、前述したように少し流れが変わりました。トッテナムがインペクトの差を詰めるまではいきませんが、差の広がりを抑えられるようになりました。すると後半24分にトッテナムが2－2に追いつき、36分に再びシティが3－2とリード。これで終了するかと思われましたが、トッテナムがぎりぎりで3－3に追いつき、引き分けで試合を終えました。

負けてはいませんが、シティにとってはインペクトでこれだけ大差を付けただけに、勝っておきたかった試合です。ではなぜ、それができなかったのか。

そこで得点シーンを映像で振り返っていくと、トッテナムは特に1点目のようなカウンターの鋭さが際立っていました。後半に挙げた2点目も、シティが自陣からつないでアーリング・ハーランドにボールを入れたところを襲い、一瞬、シティの中盤が間延びしたところでゾーン3へ侵入し、ミドルシュートを決めています。一瞬の出来事でした。

3－3に追いついたゴールも、スローインからだったので、基本的にシティの守備陣形は崩れていません。しかし、中盤で一人がかわされてズレが発生し、空いたところからサイドが起点になり、最終的にはクロスが上がって逆サイドから来た選手にヘディングで決められました。それまでサイドの守備はカイル・ウォーカーがしっかり寄せて、クロスを上げさせず、背後も取られないように潰せていましたが、この終盤のシーンに限っては、シティに緩みがありました。

つまり、全体的にはシティがコントロールし、上回っていた試合であるとスタッツ上では見えますが、勝負所では一瞬の隙を突かれ、相手の決定力もあり、失点を重ねて3－3。これはパッキングレートやインペクトでは測れない部分でした。

試合の振り返りとして、シティは全体的な方向性は継続すべきと思われますが、終盤に隙を作ったフィジカルやメンタルの体力面、あるいは1失点目や2失点目のようなカウンターを許さない攻守の手法について、課題を見つけることができると思います。

個人が叩き出した数値から試合を考察する

次は個人の数値です。

今回は普段チームで行っているやり方に即して、マンチェスター・シティとトッテナムの各選手が何分間出場し、パッキングレートのディストリビューション（出し手）とレシーブ（受け手）、インペクトのディストリビューション（出し手）とレシーブ（受け手）を何ポイント取ったのかを計測しました。

まずは、カイル・ウォーカーのパッキングレート・ディストリビューションが、100・4

を叩き出していることが目を引きます。これは異次元の数値です。そもそもシティ全体のパッキングレートが479なので、その4分の1から5分の1を、彼一人が叩き出しているわけで、そうなると当然、「なぜ?」という疑問が湧いてきます。

さらに注目するポイントとしては、ジェレミー・ドク、フィル・フォーデンのパッキングレート・レシーブが非常に高いことです。ベルナルド・シウバも高いです。シティは3-4-2-1の布陣で戦っていましたが、ドクとフォーデンが両ウイングハーフ、シウバがシャドーという関係で、この3人がシティの前進パスを受け取る起点になっていたことが、数字から読み取ることができます。

このような個人の目立った数字をわかりやすく表したグラフがあります【図18】【図19】。パッキングレートとインペクトについて個人のポイント小計と、それを1分単位に換算したものを出しています。

このグラフで見ると、パッキングレートのディストリビューションはやはりウォーカーが多く、1分単位でも最多です。相手のプレスラインを越える局面で、ウォーカーからの縦パスが機能していたと考えることができ、彼に対するトッテナムのプレスはあまりかかっておらず、長短のパスの発射台になっていました。

また、ウォーカーはパッキングレートのレシーブでも4番目に高く、実際に試合を見ても、

図 18　マンチェスター・シティ各選手のパッキングレートとインペクトのディストリビューション①

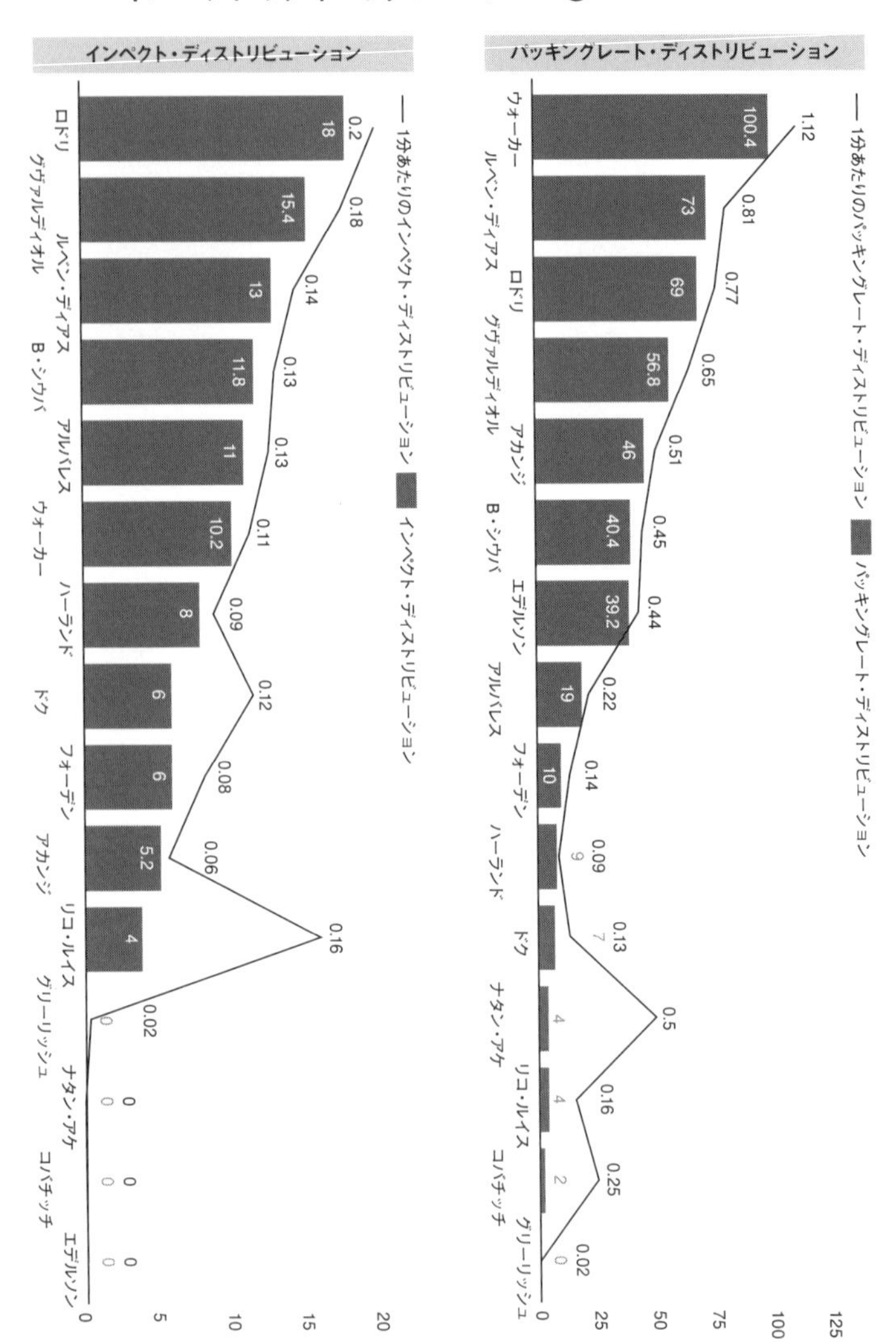

図19　マンチェスター・シティ各選手のパッキングレートとインペクトのレシーブ①

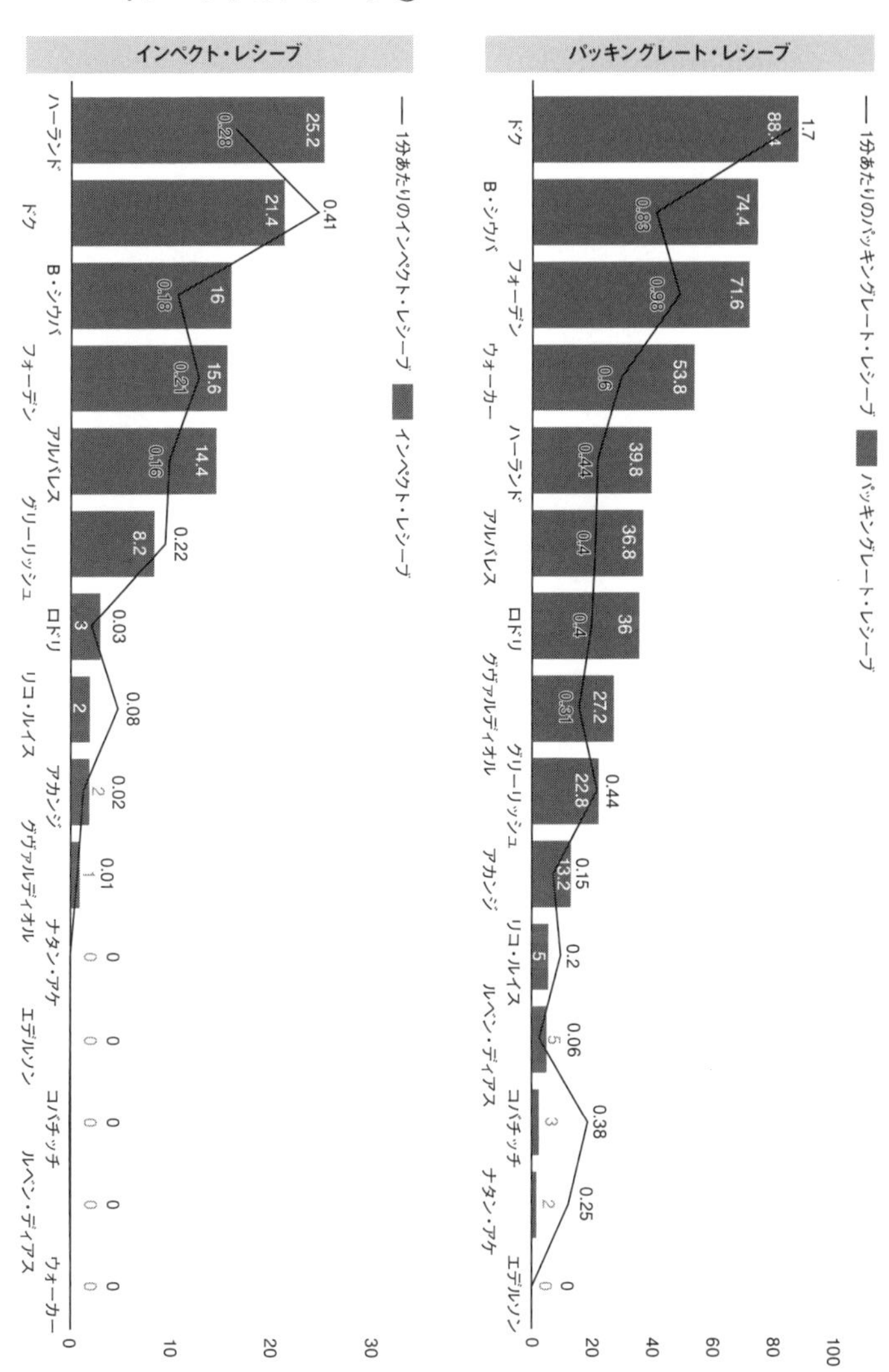

高い位置で受ける場面は多く見られました。一方でロドリとアカンジは数字的には目立ちませんが、アカンジが最終ラインに入って数的優位を作りながら、つなぎ役になり、ウォーカーとグヴァルディオルが高い位置を取れるように、真ん中でバランスを取っていました。

一方、インペクトのディストリビューションを見ると、ロドリが最も多く、中盤から相手の背後を取る局面では、彼が配球を多く行っていることがわかります。

レシーブに目を移すと、パッキングレートのレシーブはドクが最も多く、インペクトのレシーブはハーランドが最多です。ただし、1分単位で見た場合は、インペクトのレシーブもドクが0・41で、最大値になっています。中盤への前進パスの受け手、そこから背後を取る動きの両方において、ドクはレシーバーとして幅広く貢献していたことがわかります。

このように羅列していくと、シティはビルドアップにおいて、真ん中でロドリ、ルベン・ディアス、マヌエル・アカンジの3人が相手を引きつけ、サイドからボールを運んでパッキングレートを稼ぎ、最終局面では前線の5人（左からドク、シウバ、ハーランド、フリアン・アルバレス、フォーデン）がインペクトのレシーブでしっかりと高い数値を出しています。後ろからの配球ルートが明確で、前線も全員がチャンスに絡めていたことを踏まえると、やはりシティにとって、この試合は勝たなければならない内容だったと言えます。

また、こうした個人スタッツを見るときに注目したいのは、プレーのつながりです。一つひとつの数字が高い低いだけでなく、たとえばレシーブ数が多ければ、その後のディストリビューションはどうだったのか、とプレーが続くわけです。つまり、パッキングレートのレシーブを取った後は、インペクトのディストリビューションがセットにならなければいけません。この点で言えば、パッキングレートのレシーブが高かったウォーカーは、インペクトのディストリビューションも同時に高く、攻撃をしっかりと前へつなげていたことがわかります。

また、ドクやフォーデンの場合はインペクトのディストリビューションが低めですが、レシーブで高数値を出しているので、パッキングレートのレシーブの後、一旦はたいて、自分がもう一度背後やライン間へ出て行くプレー、あるいはドリブルの仕掛けが成功していたと考えられます。

逆にこうした数値がセットにならず、パッキングレートのレシーブだけが高い選手がいれば、それはボールを受けただけで前へ出せていない、背後へチャレンジできていない、と課題を抽出することができます。また、トッテナム側の視点で見れば、ウォーカーにあまりに多くのパッキングレートを取られているので、サイドの守備に課題を発見することができるでしょう。

マッチスタッツ、時系列グラフ、個人スタッツの3つを組み合わせると、かなり実用的な分析が可能になります。

拮抗したラインブレイク数に着目する

マッチスタッツに話を戻すと、この試合で気になる数字がもう一つありました。マンチェスター・シティはパッキングレート、インペクト、シュート数、ボックス内でのプレー回数、クロス、CK、ゴールエリア幅でのプレー回数など、大半のスタッツで上回っていますが、唯一、ラインブレイク数だけは、8対8でトッテナムと並びました。

トッテナムが決めた3得点のうち2点はカウンターによるものでしたが、決定力の高さだけでなく、ラインブレイクの回数自体がシティと同じでした。トッテナムがシティになるべく背後を取らせず、カウンターをねらった戦い方は内容的にも機能しており、それが実際に3得点につながりました。

これは最も注目するべきスタッツであり、シティにとっては圧倒しながらも3－3で引き分けてしまった理由、つまり課題が潜んでいる可能性があります。おそらくアナリストと監督の間では「ラインブレイクされた8つのシーンを振り返ってみようか」という話になると思います。すると、ボールを奪われた後に逆サイドから走られ、ロングパス一発で打開されるパターンが多かったので、それにどう対処するか。攻撃の終わり方なのか、終わった直後のプレッシャーなのか、監督は修正方針を立てることになります。

これは私の印象なので、監督目線でどう考えるかはわかりませんが、個人的にはドクがあまり守備に貢献できていない印象を受けました。シティがラインブレイクされる直前、ボールを奪われた場面を見返すと、ファーストディフェンスのところでドクの切り替えが遅れ、その場に立ち尽くして寄せ切っていないシーンが目につきました。シティは後半7分、2－1とリードしている時点で、ドクを下げてジャック・グリーリッシュを投入しましたが、ドクの守備面が気になり、リスク管理を行った面はあるかもしれません。

結果的にはその後、逆に2－2に追いつかれてしまい、グリーリッシュが3点目を奪うことになりましたが、後半のシティは疲労が濃かったのか、ドクだけでなく他の選手も一瞬の緩みや動きの鈍さが見られ、局面の1対1で後手を踏んだことが2失点目、3失点目につながってしまいました。おそらくですが、この課題はシティにとって、トッテナムとの2回目の対戦をどう戦うか。一つの指針になったのではと推測します。

トッテナム対マンチェスター・シティ（2024年5月）

パッキングレートやインペクトが拮抗した試合の行方

次は2024年5月、トッテナム側のホームとなる2回目の対戦に話を移しましょう。トッテナムはポステコグルー監督の初年度の指揮であり、また1回目の対戦時には負傷者が多かったこともあり、この2回目の対戦ではスタメンが6人入れ替わりました。一方、マンチェスター・シティはほとんど同じです。

この試合は内容が大きく変化しました。最初にマッチスタッツを見てみましょう【図20】【図21】。

0－2で、ホームのトッテナムが敗れました。しかし、敗れはしましたが、ポゼッション率は54％と上回っています。またパッキングレートとインペクトを見ると、シティに若干劣るものの、トッテナムが大きくスコアを伸ばしたため、1戦目ほどの差はありません。トッテナムは前を向き、ライン間へボールを通して運ぶことに果敢にチャレンジし、成功する場面も多く

図20　プレミアリーグ 2023-24　第34節（24／05／15）

トッテナム　0（0-0 / 0-2）2　**マンチェスター・シティ**

得点
51分　ハーランド
90+1分　ハーランド

先発メンバー		先発メンバー	
13	ヴィカリオ	31	エデルソン
17	クリスティアン・ロメロ	24	グヴァルディオル
6	ドラグシン	2	カイル・ウォーカー
23	ペドロ・ポロ	3	ルベン・ディアス
37	ミッキー・ファン・デ・ヴェン	25	マヌエル・アカンジ
5	ホイビュルク	47	フォーデン
29	パペ・サール	8	マテオ・コバチッチ
10	マディソン	20	ベルナルド・シウバ
30	ロドリゴ・ベンタンクール	16	ロドリ
7	ソン・フンミン	17	デ・ブライネ
22	ブレナン・ジョンソン	9	ハーランド
控え選手		**控え選手**	
18	ロ・チェルソ	5	ジョン・ストーンズ
40	オースティン	82	リコ・ルイス
44	スカーレット	19	アルバレス
11	ブライアン・ヒル	11	ドク
21	デヤン・クルゼフスキ	18	シュテファン・オルテガ
12	エメルソン・ロイヤル	6	ナタン・アケ
73	ホール	10	グリーリッシュ
59	ムアー	27	マテウス・ルイス
		52	オースカー・ボブ
監督	アンジェ・ポステコグルー	監督	ペップ・グアルディオラ

図21　第34節のマッチスタッツ

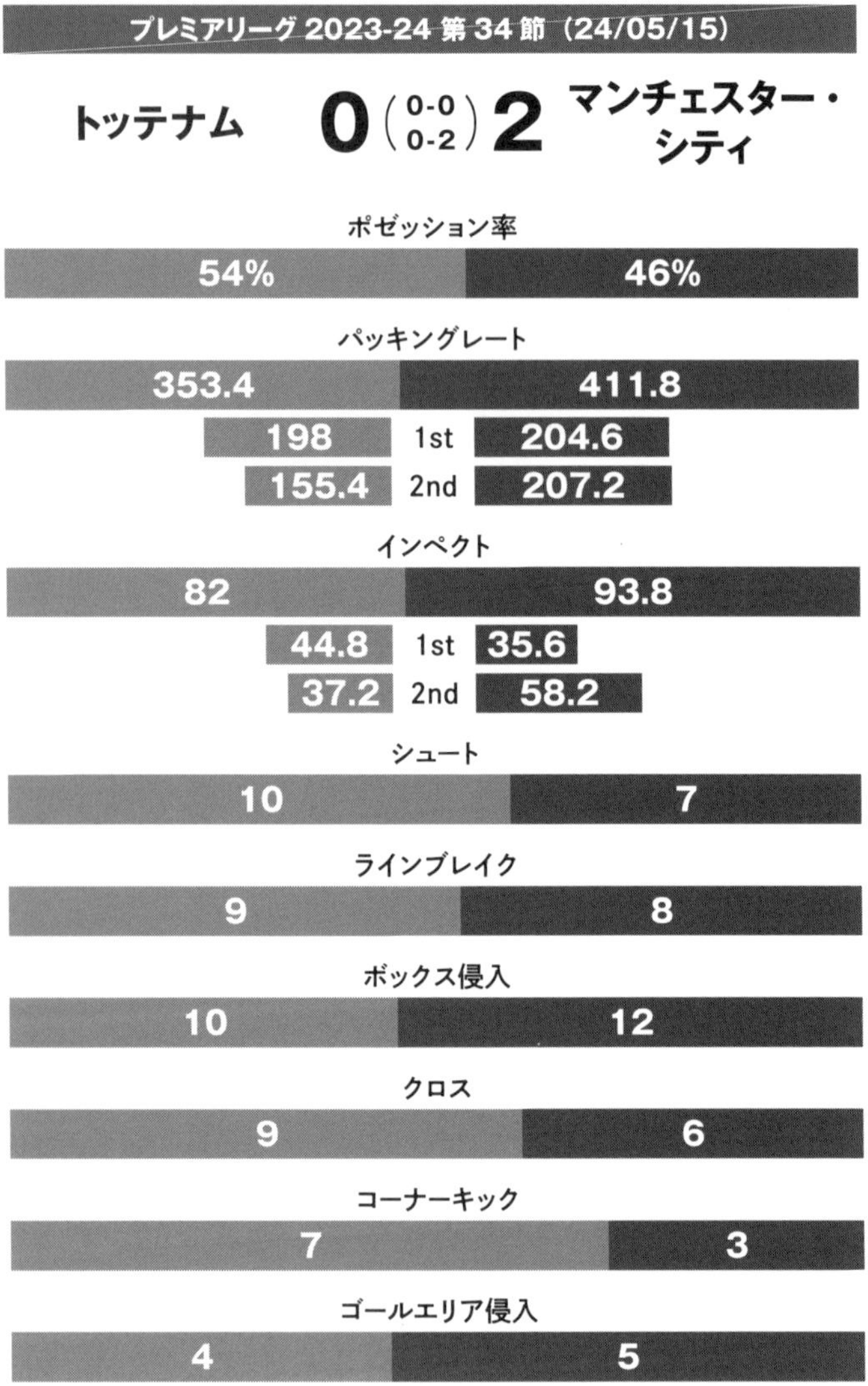

プレミアリーグ2023-24 第34節（24/05/15）

トッテナム 0 (0-0 / 0-2) 2 マンチェスター・シティ

	トッテナム		マンチェスター・シティ
ポゼッション率	54%		46%
パッキングレート	353.4		411.8
	198	1st	204.6
	155.4	2nd	207.2
インペクト	82		93.8
	44.8	1st	35.6
	37.2	2nd	58.2
シュート	10		7
ラインブレイク	9		8
ボックス侵入	10		12
クロス	9		6
コーナーキック	7		3
ゴールエリア侵入	4		5

見られました。

それを証明するように、前半のインパクトではむしろトッテナムのほうが高い数値を出しており、前半のうちに2点くらい奪っても不思議ではなかったと思います。試合全体を見ても、シュート、ラインブレイク、クロス、CKと複数の項目でトッテナムがシティを上回っていました。

このマッチスタッツは、0－2のスコアとは違った印象を与えてくれます。成長を果たしたトッテナムは、自分たちのやりたいことがある程度できました。ただし、その感覚がありつつも、結果は敗れた。そんな試合だったと思います。

インパクトの時系列グラフも、面白い結果になりました【図22】。

後半7分と終了間際の45分に得たPKで、シティが2－0で勝利を収めましたが、実は最後にPKを得る瞬間まで、インパクトではトッテナムのほうが終始上回っていました。ただ、シティは後半にじわりじわりとその差を縮め、最後にインパクトでも逆転したことが、時系列のグラフを見るとわかります。

PKになった場面は、前掛かりになったトッテナムの背後へ、一発のロングパスに飛び出したドクがボックス内の1対1で仕掛け、足を引っ掛けられました。この一連のプレーでシティのインパクトが3ポイント加算され、最後の最後にトッテナムを上回ることになりました。

図22　時間の経過とともにわかるインパクト値の増加②

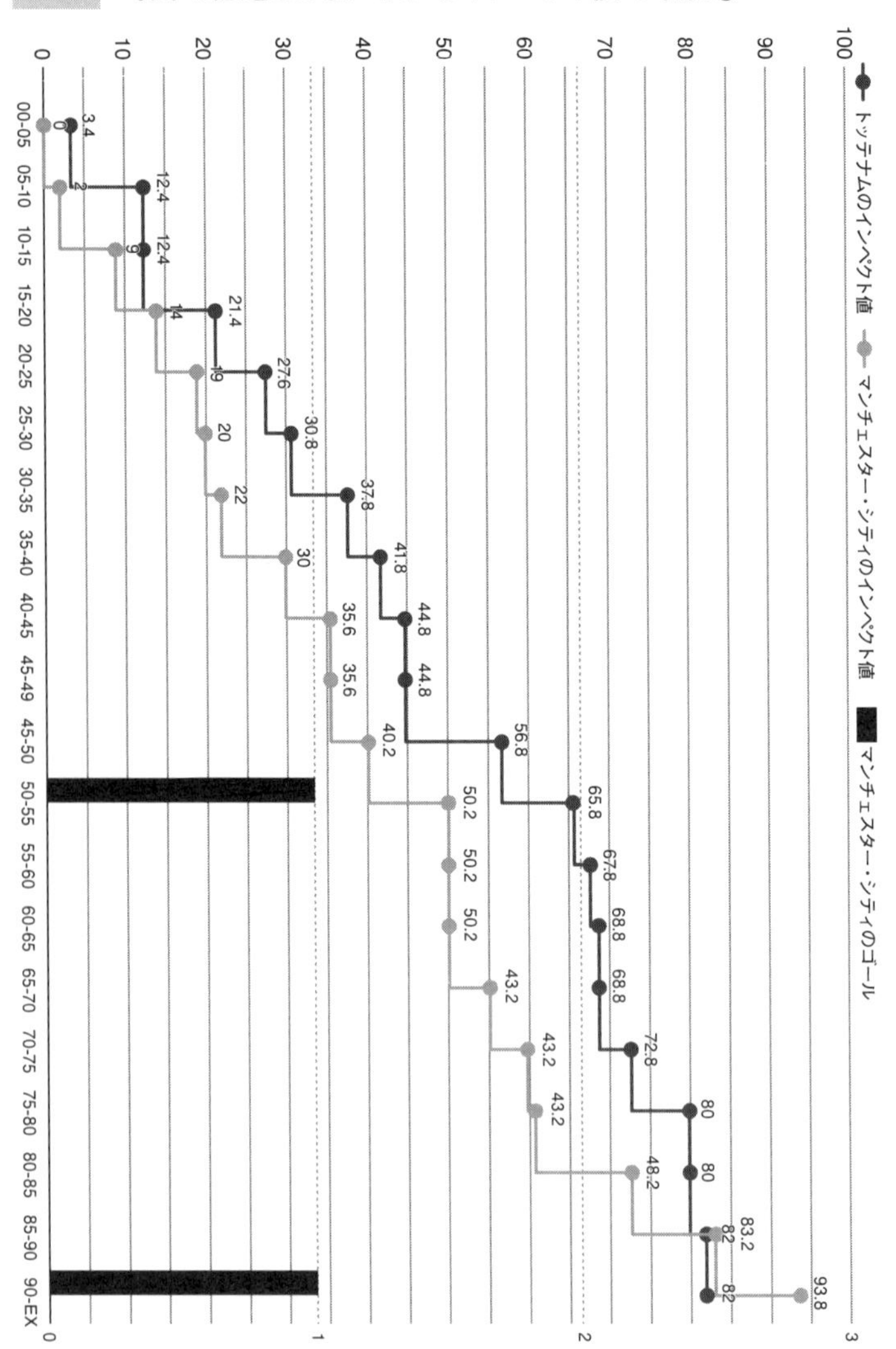

こういう時系列グラフを生み出した最大の要因は、ドクだったと思います。1戦目ではスタメンに名を連ねたドクですが、この試合はベンチスタートで、後半24分から途中出場しました。その効果がどうだったのかは、個人スタッツを見るとわかります【図23】【図24】。

パッキングレートとインペクトのレシーブにおいて、1分単位で見るとドクの数値が大きな山を描き、飛び抜けています。さらにインペクトのレシーブに関しては、後半24分からの短い出場にもかかわらず、17ポイントと、総数でもチーム1位です。これは非常に際立った数字でした。

1分単位で見ると、アルバレスも大きな山を描いていますが、彼が出場したのは後半のアディショナルタイムです。2－0と試合を決めた後の5分間しかプレーしておらず、その中でインペクトを3ポイント取ったため、1分単位では高い数字になりました。ただし、これはいわゆる野球で言うところの代打1打席1安打、打率10割に似ており、1試合のデータとしてはノイズを含んでいます。

一方、ドクのほうは30分ほどの充分な出場時間があり、彼が試合の流れを変えたことは明らかでした。ポイントは総数だけで見ると、長くピッチにいる選手が多くなりますが、1分単位で換算すると、本当の影響力が見えてきます。後半から出てきた選手にはこうした圧倒的な山を描いてほしいところです。それが与えられたタスクですし、それを評価する指標という意味

図23 マンチェスター・シティ各選手のパッキングレートとインペクトのディストリビューション②

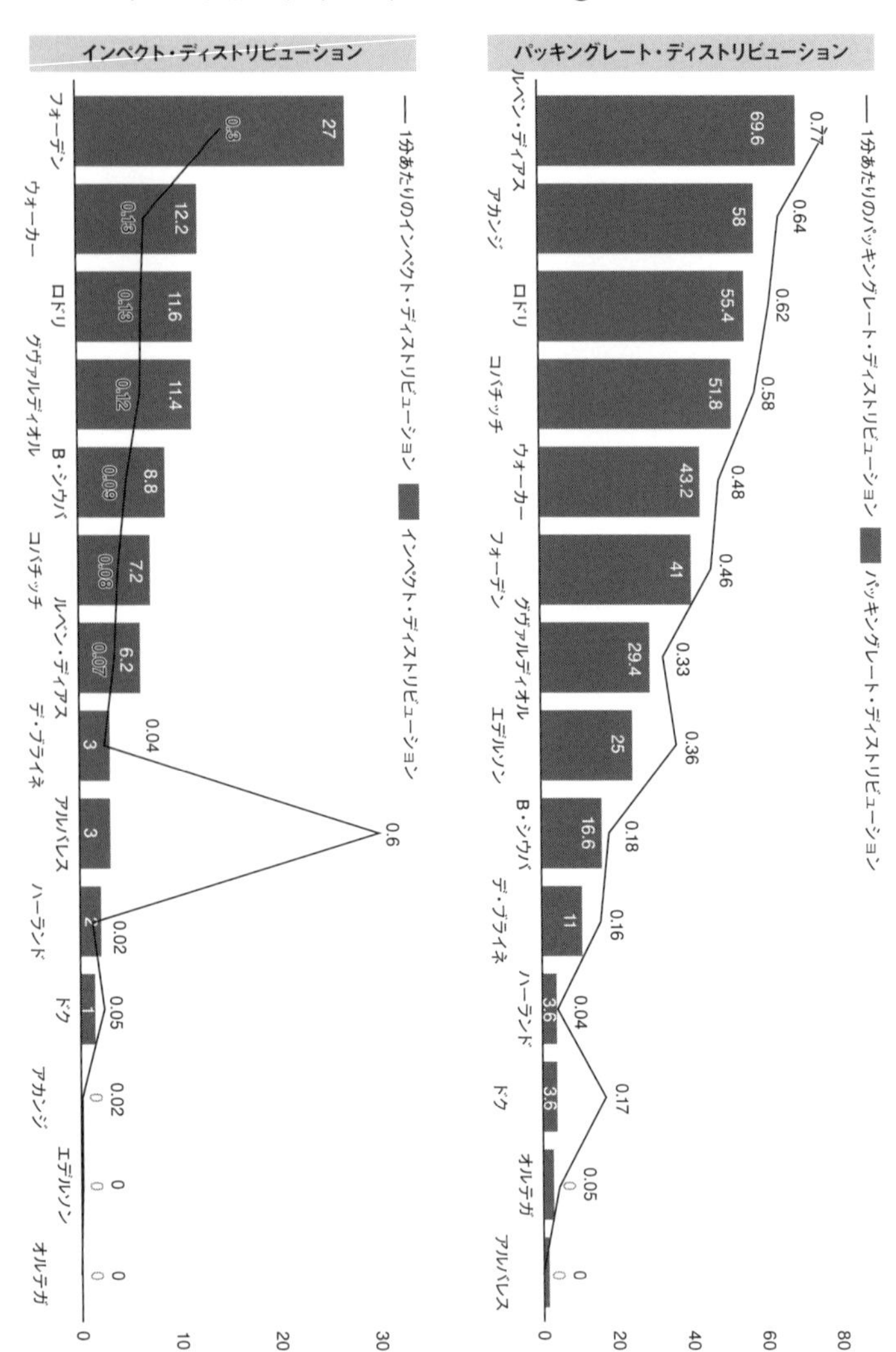

図24　マンチェスター・シティ各選手のパッキングレートとインペクトのレシーブ②

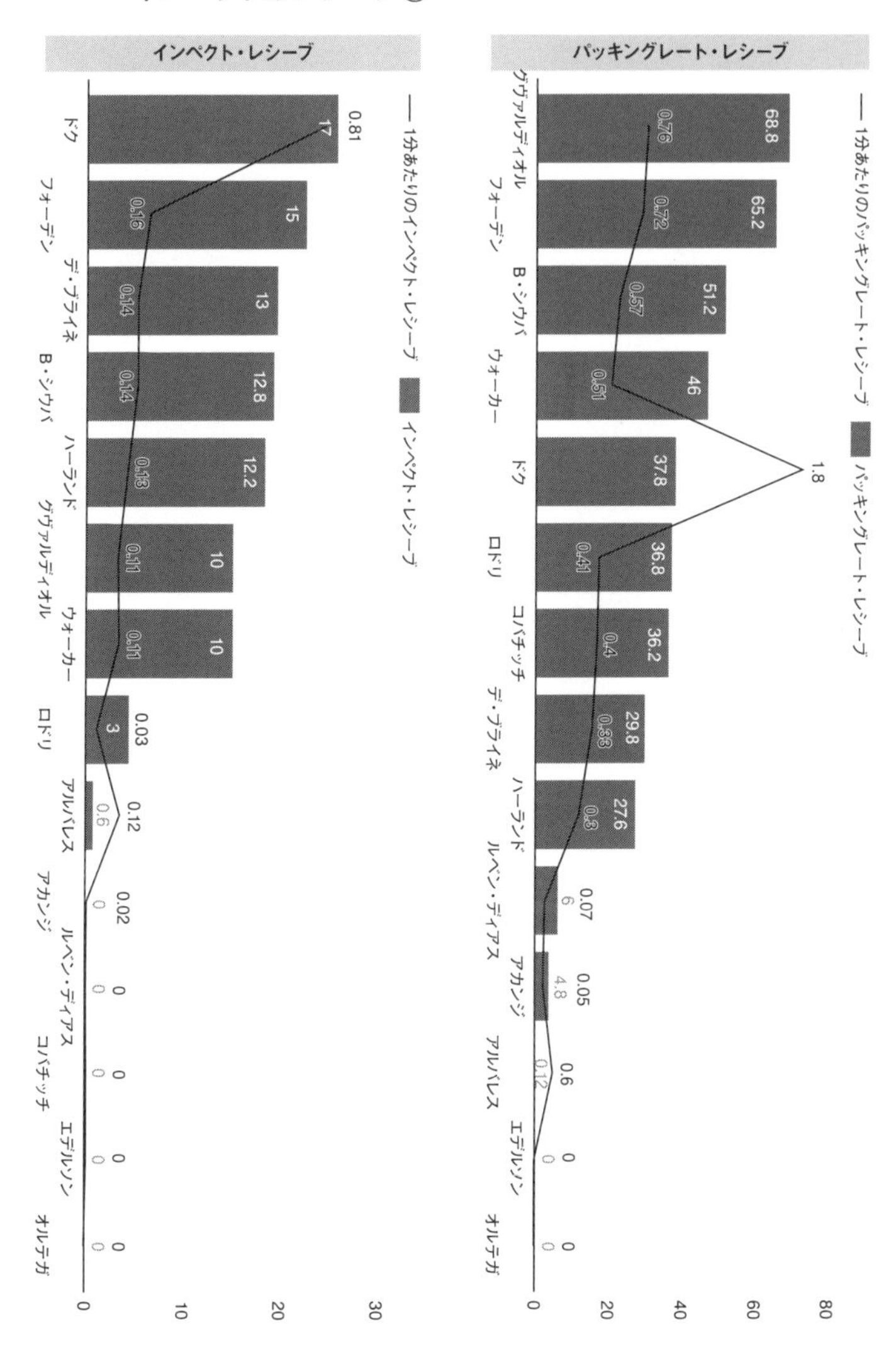

では、これは非常にわかりやすい客観的なスタッツと言えると思います。

実際、マンチェスター・シティが後半の最後にインパクトで上回ったことも、ドクの影響はかなり大きかったです。彼が入ることで、インペクトの上げ幅がグンと伸びました。逆にトッテナムのほうが終盤に増えなくなった、と言うこともできます。スピードや突破力のある選手が一人入ることで、全体の数字がこれだけ変わるのかと、影響力の大きさを感じました。

そのドクについて、1試合目はスタメンで最初から出場させ、少し守備に問題があったかもしれないという状況で後半7分にベンチに下がりましたが、この2試合目では、後半24分から出場して試合を動かしました。このあたりはドクの特徴、そして終盤にチームのパフォーマンスが落ちた1試合目の反省を生かすべく、ペップ・グアルディオラ監督が構築したゲームプランだったのではないかと思います。

留意すべきボックス内やゴールエリア幅でのプレー回数

最後に、この2試合のマッチスタッツを見比べると、もう一つ気になるポイントがありました。それはボックス内やゴールエリア幅でのプレー回数です。

すでにお話しした通り、1試合目のトッテナムは全体的に劣勢でしたが、カウンターの鋭さが光っており、ラインブレイクの数では8対8でマンチェスター・シティと並びました。それが1得点目、2得点目を生み出し、3－3の引き分けに持ち込む要因になったのは間違いありません。

ところが、このようにラインブレイク数では同等にもかかわらず、ボックスやゴールエリア幅でのプレー回数を見ると、シティのほうが圧倒的に多いのです。相手のラインを越えた回数が多ければ、チャンスはともに増えるはずですが、ボックス内への侵入回数ではシティのほうが2倍以上も多い。これはなぜでしょうか。

さらに2回目の対戦に目を移すと、前述の通り、トッテナムは内容を大きく改善させたので、シュートやラインブレイク、CKやクロスなど多くのスタッツでシティを上回る結果になっています。ところが、それでもやはり、ボックスやゴールエリア幅でのプレー回数については、若干ですが、まだシティのほうが多いのです。つまり、1試合目も2試合目も、ボックスとゴールエリア幅のプレー回数はシティのほうが相対的に多くなる傾向があったわけですが、これは何を意味するのでしょうか。1試合だけなら誤差もあり得ますが、2試合ともに同じ傾向が出たことは見逃せません。

そこで再び1試合目を振り返ると、トッテナムの攻撃はロングカウンターで逆サイドを突き、インペクトを取るシーンが多くありました。ただ、単独のシーンが多いので、どうしてもゴール前まで分厚く人を送り込む展開になりづらい。そのため、ラインブレイクしつつも、逆にシティのカバーリングの良さが目立つ場面もありました。

逆にシティの攻撃については、ラインブレイク後にかなりの人数がゴール前に入って行きました。そのチャンス局面における攻守の数的優位が、ボックスやゴールエリア幅でのプレー回数の差となって表れているのではないでしょうか。

すでに紹介したように、現代サッカーにおける得点の9割は、ボックス内のゴールエリア幅で生まれています。ラインブレイクに成功してインペクトを取った後、さらにゴール中央まで侵入できているシティのほうが、インペクトに表れにくい部分でチャンスの濃度が高かった。そう考えることはできます。実際に1試合目は追いつかれて3－3でしたが、2試合目は2－0でシティが勝利しています。

こうした仮説が立てば、「もう一度映像を見てみようか」という話になります。

2試合目のシティは、自分たちの8回よりも多い、9回のラインブレイクを許しましたが、そのラインブレイクの場面を改めて振り返ると、シティはカバーリングに入ったDF、背走したDFが、できる限りボックスの外で勝負するように相手の前進を防いでいます。

逆にその結果、たとえば前半終盤のようにソン・フンミンにカットインされてボックス外からミドルシュートを打たれた場面もありますが、それを割り切ってでも、ボックス内へ侵入されることを極力避ける。シティはそういう指標を持って、ゴール前の守備を構築しているように見受けられました。

逆にトッテナムは、ラインブレイクされた後にペナルティーエリアの角からシティの選手にドリブルで侵入される場面が多かったです。2試合目のトッテナムは、非常にコンパクトな守備をしていたので、真ん中に起点を作らせない反面、一度大きく展開されると、前進されるスペースがサイドに広がっており、ボックスまで到達される傾向がありました。中まで入られると、PKを恐れてチャレンジしづらいので、そのままゴールエリア幅のプレーにもつながり、シティの決定機になりやすかった。実際、終了間際にはドクにPKを与えることになりました。

試合全体ではアタッキングフットボールの文脈において、かなり健闘した2試合目のトッテナムでしたが、このゴール前の攻守のような細部、ディテールに関しては、チームの完成度の差が出たのではないでしょうか。

戦術に柔軟性をもたらすゲームプラン、そしてディテールの完成度においては、やはり初年度のポステコグルー監督と、8シーズン目のグアルディオラ監督のチームにおいて、勝敗を分けるポイントになりました。それでも、初年度でここまで持って行ったポステコグルーさんも本当にすごかったと思います。

まさかパッキングレートが2チームで800に迫るとは……

最後に今回の分析を振り返り、感じたことをお伝えしたいと思います。

この試合のパッキングレートとインペクトを計測したことは、私にとっては大きな成果がありました。そもそもですが、マンチェスター・シティのパッキングレートが400台に乗ること自体、かなり驚きましたし、カイル・ウォーカーが一人で100ポイントを叩き出すようなことも、私にとっては未体験のゾーンでした。

ポイントの総数そのものが違うのです。アジアカップの日本対イランは、お互いに200台に留まりました。一方、ドイツ代表はさすがというか、カタールワールドカップの日本戦は400台、親善試合でも350ほどのパッキングレートを出し、やはり高い数値を出しています。日本国内の試合でも、良い内容なら350までは行くかもしれませんが、400台に乗せるのはなかなかないはず。というか、私の計測経験では見たことがありません。今回、マンチェスター・シティの数字を取ってみて、「あ……400台って出るんだ……」と思ったのが正直な感想です。

試合の規模感としても、2試合ともに対戦相手のトッテナムを合わせて750にまで達しており、衝撃を受けています。これに関しては、基本的な技術、ゲームのテンポ、アクチュアルプレーイングタイムなどの要因が入ってくると思いますが、個人的にデータを取りながら感じたのは、マンチェスター・シティは、別に0・2（※分析する際のレート）があっても全然構わないチームなんだな、ということでした。パスを受けても、ベルナルド・シウバはそれほど前へ行かず、すぐにバックパスしますし、ウォーカーが散らして左サイドのドクへ渡っても、また下げたりします。ただ、そうやって後ろに下げても、数自体が多いので、0・2のレートでもポイントが増えていきますし、探りながら着実に前進もします。そのテンポが、タンタンタンと早いので、私も計測するのが非常に忙しかったですし、とにかくポイントの総数が多いので、個人スタッツを取るのもかなり時間がかかりました。ただ、これだけポイントが出るということは、プレミアリーグはものすごく面白い試合をやっているんだなと、その証でもあると思います。

これまで海外の試合を計測する機会はありませんでしたが、私自身ずっとやってみたいと思っていました。この本を機会に、こうして欧州トップレベルの試合を取ってみると、やはり研究の意味でも大きな発見がありました。世界トップの基準はここなんだ、400台なんだと。一人で100ポイントを取る選手も出てくるし、これだけ明確に戦術が反映されるんだと。私にとっては非常に良い経験でした。みなさんはどう感じましたか？

圧倒的にインペクトで上回っても負けるケースも

ここまでマンチェスター・シティとトッテナムのアタッキングフットボール同士の戦いを紹介してきましたが、ここで逆に例外ケースに触れたいと思います。圧倒的にインペクトで上回ったチームが負けてしまうケースも、残り1～2割ですが存在します。そのような試合は年に数回訪れます。それも含めて「This is football」だなとつくづく思います。

実際に、パッキングレートは相手の6倍以上取り、インペクトも相手の3倍近く取り、ポゼッション率もシュート数も、ラインブレイクの数も、ボックス侵入回数も、クロスも、ゴールエリア幅の侵入回数も、すべて上回っているのにゴール前の球際を必死に防がれて負けた試合も過去に経験しました。

これはまさにインペクトの法則において例外的な試合になります。サッカーとは相手の良さを消し、自分たちの強さを発揮することで勝利に近づきますが、ただ、逆に相手にそれをやられたらどんなチームでも勝利するのが難しくなります。マンチェスター・シティでもそういった試合を勝つのは難しくなります。実際のプレー時間のアクチュアルプレイングタイムも相手が試合を止める時間をたくさん作れば、そもそものプレー時間が少なくなるので自分たちの攻撃回数と保持する時間も短くなります。もしもそういう試合で先制されてしまったならばどうでしょうか？　そのような試合展開を許してしまえば勝利するのが難しくなるのはみなさんもおわかりだと思います。

各数値が良くても最終的にモノをいうのはゴール

ゴール前の質とセットプレーの精度についてはインペクトの法則から外れる要因になるものです。先ほど述べたように、どのスタッツも相手を上回っていたが、たとえば、あまり時間のない試合で、かつ、コーナーキックの数が相手とあまり変わらずに相手に何本もコーナーキックを与えてしまって失点して負けたのであれば、それは相手にコーナーキックをあまりにも与え過ぎたということになります。

ただ、だからといってその試合がすべて駄目だったかというとそういうわけでもありません。パッキングレートやインペクトなど大半のスタッツは大きく上回っていたのであれば、全般的には良い試合だったと言えるかもしれません。映像とスタッツを照らし合わせて普段やろうとしていることができているのであれば、負けたからといって、過剰に否定する必要がないことは数字がサポートしてくれます。

スタッツレポートを見ながら、何がいけなかったのか、どこを改善するのか、次にどういう方向へ進めばいいのか。バラバラに思っていることを、数字を見ながら発信し合って、お互いの思考を整え、揃えていく。こうしてしっかりとデータを取っていると、負けた悔しさや感情に引っ張られすぎずに、冷静にこの試合のどこの部分に課題があったのかを振り返ることができます。そういった意味でも振り返りの精度が高くなると思っています。

ただ、実際は負けた試合は本当に悔しいです。悔しくて泣きながら振り返りの作業をしたこともありました。でも、そうした感情はあっていいと思いますし、負けから学ぶものは多いです。

私の恩師の言葉を借りると『負けたチームは負けた理由があり、勝ったチームはストーリーがある』とよく言われました。負けた試合を経験するといつもこの言葉を思い出します。その理由を探すのが我々の仕事なのです。

だからこそ、アナリスト自身も進化しなければなりません。日々の分析の中で生まれた気づきやワールドカップ後などに発表されるトレンドを取り入れることも大事ですし、学びを加えることも大事です。そういう改善作業は日々やり続けています。

インパクトを取る気がないチームも存在する

インパクト優位の法則から外れる試合は、ゴール前のクオリティ、セットプレー、クロスの放り込みで、崩さずに決定力を発揮するケースが代表的ですが、それ以外にも一つあります。

それはパッキングレートやインパクトを取るプレーを全く重視せず、相手にインパクトを取らせない戦い方を徹底するチームです。J1でいえば町田ゼルビアなど、最近このようなスタイルが日本のサッカーでじわじわと増えてきた印象があります。これについては、まさに相手の良さを消し自分たちの強さを発揮することを徹底しているということなので、良い悪いの話ではありません。

前進の手段はほぼロングボールで、それ以外はボールを奪ってカウンターなど、得点パターンはトランジションとセットプレーに絞ります。守備では撤退をいとわず、徹底的に背後を取らせないようにスペースを消し、ハードワークを徹底する。インパクトを取る気もなければ、ボールを握る気もない。

たとえＦＷと中盤のラインを越えられ、パッキングレートを与えたとしても、ボックス内に撤退し、徹底して相手にインパクトを与えない。結果的にスタッツとしては、両チームが低インパクトになる内容へ誘導されます。

そうなると、インパクトが上回った、下回ったと言っても、そもそも低インパクト同士の僅差になってしまうので、「インパクトで上回ったチームが負けない確率は９割」という法則が当てはまりづらくなります。

私はフットサル界の出身なので、Ｆリーグの傾向ではアタッキングパスの本数（ＤＦを越えて前進するパスの数）を取れるチームが必ず上位へ行き、優勝もしました。逆に点を取れないチームは絶対に優勝できません。だからこそ、原理原則に基づいてアタッキングパス数を増やし、点を入れるしかなく、ロースコアばかりの試合で上位へ行くチームは、少なくともＦリーグではほぼなかったと思います。

ところがサッカーは少し違って、１－０のロースコアで勝つ試合が多いので、最後の最後に結局１点を取ればＯＫだ、と考える人が少なくありません。その結果、垂直方向のアクションが減り、相手の数も減らして、1－0へ向かおうとする。こうしたスタイルは、インペクトの法則では例外ケースになりやすいのかなと思います。

ただ、そうした戦い方はFWの個の力、プレースキッカーのクオリティに依存するので、怪我やコンディション不良でキープレーヤーを欠くケースに弱いです。また、トランジションやコーナーキックによる得点は偶発的なので、そこで入らなければ意図的に攻略する術がなく、引き分けが最高の結果になりがちです。リーグに本命の優勝候補がいなければ、それでも優勝できるかもしれませんが、欧州各国のリーグのように、勝ち点の天井を突き抜けたビッグクラブがいると、1－0のスタイルでは勝ち点が及ばず、優勝は難しいのではと思うことがあります。

とはいえ、それはそれでサッカーです。パッキングレートやインペクトというものは、結局、今矢さんがこういう指標が大好きな監督だったので、有効に活用してもらうことができましたが、逆に前進を増やす概念がない監督、そこに価値観を持たない人には刺さらなかったでしょう。

これはフットボール哲学につながる話です。インペクトを重視しないスタイルも含めて、私は「This is football」だと思っています。

『ウイニングデータ』を頼りに方針転換

サッカーは色々なスタイルが存在するので、町田のようにパッキングレートやインパクトを使った分析がフィットしないチームも当然あると思います。おそらく、そういうチームは他に指標となる数字を持っているのではないでしょうか。もしかすると、私たちがあえて取っていない、ミスの数かもしれませんし、まったく別のものかもしれません。

森保監督のポゼッション率40％、あるいは風間監督のパス数600本にも言えることですが、「この数字が出ているときは勝てる」というチーム固有の勝ち数字を、多くの監督は意識していると思います。そうした勝利につながる統計的なデータを『ウイニングデータ』と呼ぶことがあります。多くの場合、それは試行錯誤の中から、ちょっと意外な数字として発見されるものではないかと思います。

そこで一つ思い出すのは、私がFリーグの浦安でGKコーチ兼アナリストを務めていたときのことです。

当時はアナリストとして、試合中に攻守の入れ替えが発生する回数をカウントしていました。この回数が多いときは、トランジションが多く、両チームの行き来が多いハイテンポな試合ということです。逆にこの回数が少ないときは、一方のチームがボールを握っていて、もう一方は守っている。攻守がはっきり分かれており、展開がゆっくりと流れる試合です。

当時、私たち浦安はプレーモデルとしてボールを握って支配するスタイルで、攻守の切り替えが少ないほうが合う戦術を採っていました。浦安というクラブも、代々ボールを握ってパスで崩して、スペインのフットサルのようにきれいにプレーする戦術が看板のようになっていたので、その流れもあったと思います。

ところが、私が攻守の切り替えの数字を取っていくと、実際にシーズンを通して勝率が高かったのは、切り替えが少ない試合ではなく、切り替えが多い試合、つまりハイテンポで攻守の切り替えが多く起きる試合のほうが勝率が良かったのです。当時はリーグで3回対戦するレギュレーションでしたが、2周目が終わる頃に気づきました。

私たちが目指していた、ボールを握ってきれいに崩すスタイル。それを表現して攻守の切り替えの数が少なかった試合は、勝率が低かった。逆に切り替えが多い試合のほうが勝てている。そのとき、監督の高橋健介さんと話したことも覚えています。「これさ、俺らもう、トランジションチームじゃない!?」と。

どうする？　どっちだ？

そんな話にもなりましたが、「いや勝率が良いほうに決まってる」と方向は決まり、そこからはトランジションの効果を強化するほうへ舵を切りました。つまり、方針を変えたわけです。トレーニングの内容も、配分も変わりました。さらにボールを奪った後の攻撃の作り込みを改めて行うことにも着手しました。チームのトレーニングは裏返しで練習できるので、同時にボールを奪われた瞬間のディフェンスも向上できます。それまではボールを保持しながらゴールに迫るトレーニングの割合が多かったところを、トランジションが起きるトレーニングに変わりました。

また、ゲーム展開の解釈も変わり、試合中にボールをロストしても、「行き来があっていいぞ」という感じになりました。ハードな戦いにはなりますが、そのほうが当時のチームには合っていたわけです。

そうすると、やはり勝利が増えていきました。実は当時の浦安にとって、ウイニングデータは『攻守の切り替えが多いこと』だったのです。

こうした統計は、チームの方針に対する気づきを与えてくれることがあります。それと同時に「よし変えよう」「勝率が良いほうに決まっている」という大きな決断をサポートする材料にもなりました。

意図しなかった、意外なウイニングデータ。これはデータを取り続けたからこそ、生まれた発見でもありました。単なる勝率だけでなく、パッキングレートやインペクトと組み合わせても面白いです。誰々のドリブルが増えるとインパクトが上がる、センターバックが誰々のときにインパクトが上がる、といったインパクトの数字に連動するアクションデータ、あるいは選手やシステム等が見つかれば、それは『ウイニングデータ』になり得ると思います。

有効な指標になりうる『ピッチ内得失点』

ただし、ウイニングデータを発見するのは簡単なことではありません。一生懸命にデータを取っても、当たり前の結果しか出ないことが日常茶飯事です。

私はフットサルのアナリストをしていたとき、アタッキングパスの集計を行っていましたが、その目的の一つは、トップリーグ＝Fリーグの傾向を見つけることでした。やはり優勝を重ねる名古屋オーシャンズは圧倒的にアタッキングパスが多く、順位との相関は強く出ました。

そこからさらにもう一つ掘り下げ、私は２０１７年にFリーグの全試合、全ゴールを分析したことがあり、全部で１１００ゴールほどありましたが、ゴールの特徴や傾向とともに、そのゴールが生まれたときに誰がピッチにいたのかを全部調べました。

その結果、上位チームの傾向で言うと、外国人助っ人です。ピヴォ（サッカーで言うところのセンターフォワード）の外国人助っ人がプレーしているとき、どのチームも得点が増えていたし、失点が減った。本当に……やっていて……結局そこかよ！　と笑うしかなかったです。

こんなにいっぱい調べたのに、こんなに当たり前の結果しかない。結局、ピヴォでボールが収まる人がいたら、前進のパスも出るし、チャンスにもなる。得点も増える。相手のコートで長くプレーできるから、得点の可能性を上げつつ、失点の可能性が下がる、というふうにつながるわけです。『ウイニングデータ』を見つけてやろうと走り出し、苦労したあげく、普通のデータしか出てこない。これはアナリストあるあるです。

ただ、少し話が脱線しますが、その話を当時のフットサル日本代表監督のブルーノ・ガルシアにしたら、「橋谷、ちょっとそのデータくれないか？」と言われたことがありました。私は快く「代表で使ってください」と無料でプレゼントしました。

ブルーノは『ピッチ内得失点』が欲しかったそうです。フットサルはフィールドプレーヤーが5人いて交代も自由。点が入ると、そのときピッチにいた5人にプラス1ポイントをつけます。同じように失点も記録していき、その選手がプレーしているときに何点取って何点取られたのか、プラスマイナスを付けていく。私が取ったデータとほぼ同じですが、これが『ピッチ内得失点』です。このプラスマイナスが高いほうに出る選手は、成績の良い選手となります。

日本代表なので、外国人の助っ人選手を省いて見て行けば、日本人選手で高いスコアを出した選手がわかりますが、その結果、呼ばれた選手が一人いました。「あっ、ブルーノさん。私が取ったピッチ内得失点を信用してくれたのかな？」と思いましたね。

フットサルもそうですが、サッカーも結局、個人の能力に依存するところがあります。パッキングレートでも、センターバック2人のうちの1人が、数字を出せる選手から出せない選手に変わると、本当にチームのポイント数が一気に変わります。練習試合ですが、その経験をしたことがありました。前半があまりに悪かったので、後半にスタメンの選手に代えたら、全然違うゲームになりました。それくらい、後ろの選手の人次第で、パッキングレートが大きく変わることがありました。

サッカーも5人交代が定着し、また過密日程でターンオーバーしながら起用することがトップリーグでは常識になってきた中、もしかすると『ピッチ内得失点』は有効な指標になるかもしれません。この選手がセンターバックのときに得点が多い、あるいはこのFWが出ているときは得点も増えるが、失点も増えるといった、見逃されがちな貢献、あるいはデメリットが見えてくるかもしれません。パッキングレートと組み合わせても面白いと思います。

選手の査定やチーム強化でも効果を発揮

パッキンググレートやインペクトの個人スタッツについては、現場で使用するだけでなく、契約更改に関わる査定や、選手の新規獲得など、強化の面でも効果を発揮しています。

『はじめに』のところでお伝えしましたが、本来スポーツのデータ分析は経営層が使うために発展してきたと言われています。パッキンググレートはサッカーと言うスポーツにおいて、前進する生産性の高いプレー、価値の高いプレーとして定義して集計する指標ですので、こうやって現場だけではなく、経営層が使うのは自然な使い方だと思います。

もちろん、年間通して集計していれば各ポジションの適正値も見えてくるので、ここまで見えてくるとデータを溜め込むことのメリットを実感すると思います。

従来のスタッツの場合は、良い縦パスを通したとしても、その後に味方がミスをしたら、シュート数やボックス内への侵入数などにはカウントされません。つまり、良いプレーをしたことが消えてしまうのですが、パッキンググレートとインペクトの場合は、そうした影響もなく、一つひとつのアクションがプレーごとに加算されるので、個人の働きが不公平無く、正当に評価されます。

つまり、得点数やアシスト数、失点数といった表立った数字には表れなかったこと、あるいは印象に残っていないけど実は貢献していたことなど、見えなかったものが見つかる可能性があります。逆にすごく印象に残った選手でも、「あの一発だけか」と気付くことがあるかもしれません。そうすると、「結果は出たけど改善点は多いね」という振り返り方になるので、色々変わってくる部分はあります。

パッキングレートとインパクトは、サッカーの勝敗との相関性が非常に高い、定量的な客観データであることが大きな特徴です。おそらく今後も色々な場面で、色々な持ち場で、生かすことができるのではないかと思います。

監督とアナリスト

特別対談 1

今矢直城 × 橋谷英志郎

橋谷英志郎アナリストの現所属である栃木シティの指揮官、今矢直城監督にご登場いただき、「監督とアナリスト」をテーマに語ってもらった。

導入の提案から実践へ

――初めて橋谷さんからパッキングレート導入の提案を受けたとき、今矢監督はどんな印象を受けましたか?

今矢直城（以下、今矢） 行き着いた経緯がすごく良かったんです。橋谷君が僕のプレーモデル、やりたいフットボールに対して、「こういう指標が良いんじゃないか?」と提案してくれて。何でもかんでも強引に、これを使いたいと言うわけではなく、「うちのフットボールに合うんじゃないか」「大事な指標になるんじゃないか」と、監督の目線に立ってチームを良い方向へ導くための提案だったので、その経緯がすごく良いと感じました。

パッキングレートの存在について、実は思い返すと、FC東京やモンテディオ山形で監督をしていたピーター・クラモフスキーに聞いたことがあった気がしますが、ほとんど覚えてなくて。詳しく聞くと、確かにより客観的にパフォーマンスが見えるデータだなと思い、最初はひとまず、やってみようと考えました。

橋谷英志郎（以下、橋谷） 僕はパッキングレートをずっと前から知っていたんですけど、そもそもフットサルの世界にいて、使う機会もなかったので、いつか使ってみたいという気持ちはありました。栃木シティへ来て、今矢さんのプレーモデルを見せてもらったときに、「前へ」という強烈なメッセージがあったので、これはもしかしたら、と思ったんです。

今矢　このデータは人間が取っているので、誤差はあって、最初のうちはエリアをどうするとか、レイオフはどう扱うとか、データの取り方の確認作業が多かったです。だから当時に取ったデータはあまり妥当ではないかもしれません。ただ、その作業は必要なことで、繰り返すうちに、これくらいの数値を取れていると自分たちは試合をコントロールできている、45分ではこれくらいの数値だなと、パッキングレートとインペクトの組み合わせで測れるものは、シーズン毎に進化したと思います。

橋谷　僕も実感はありますね。今矢さんとは出てくる数字を溜めながら、これくらいの数値だとこういう試合とか、徐々に数値と印象がマッチしてきました。

今矢　このデータが良いのは、主観が入らないところですよね。コーチが話すときも「こういう形で前を向ければ、インペクトを取れて、こういうプレーができる」「こうしたほうが相手は嫌だと思う。そうしたらインペクトも取れるんだよ」と、こちらの意見の中にデータの基準が入っている。選手からすれば「それはあなたの主観でしょ」と言いたくなるところに一個、客観的な数字を挟んでいるので、受け止めやすいと思うんですよ。一方的な意見になりにくい。まあ、なるときもあるかもしれないけど、人と人の間に一個挟めるのは大きいです。

もちろん絶対ではないけど、インパクトを増やせば勝つ確率が上がるし、選手は勝ちたいから、勝利につながるプレーをしたい。納得感というのは選手に聞いたわけではないけど、ミーティングでインパクトを提示しながら話していると、無言でも返ってくるものがありますね。頷きとか、反応とか、その後の様子も含めて。映像にプラスしてデータがあることで、これは確かに良いプレーだということが強調される。チーム作りでは大事なことです。

橋谷 選手も少しずつデータに慣れていきました。今矢さんが試合を振り返るときは、スタッツを全員で見てから映像に入っていく流れなので、選手からも「今回は結構取りましたね」「取られましたね」と話してきたりもします。徐々に刷り込まれているという感覚は、特に1年目のシーズン中に感じました。

いかに客観的な目線を作れるか

――今矢さんは栃木シティの監督に就任するとき、アナリストを2名(2024年現在は3名)希望したそうですね。

今矢 それまで栃木シティにはアナリストが

今矢直城（写真右）
1980年6月18日生まれ。兵庫県出身。オーストラリアやスイスでプロ選手として活躍したあと、指導者として早稲田ユナイテッドの監督や東京国体選抜コーチを歴任。2018年には横浜F・マリノスでアンジェ・ポステコグルー監督やピーター・クラモフスキーコーチらを通訳として支える。2020年には清水エスパルスの監督に就任したクラモフスキー氏からオファーを受けてコーチを務め、2021年11月に当時関東1部の栃木シティFCの監督に就任すると2023年にチームをJFL（日本フットボールリーグ）に昇格させた。

いなかったんです。ただ、僕が仕事をするうえでアナリストは絶対に必要です、と社長にお願いして、やることが多いのでできれば2人ほしいと。どうしても監督は主観が入るんですけど、どのようにすれば客観的な目線で物事が見えるのか。データは決定をするうえで見えにくい道を照らしてくれるというか、「この道を進めばいいいんだな」と明確に示してくれると思うんですね。逆に間違っているときは、改善点を見つけやすい。

監督が自分でやればいいじゃん、という考え方もあるかもしれないけど、一人で全部やれば試合のときに疲れ切っているから(笑)。そこは役割分担というか、アナリスト、コーチ、GKコーチがいて、みんながそれぞれの立場で、僕が決定するための道を照らしてくれる。そういう体制を整えることを、社長が納得というか、共感してくれました。

橋谷 うちの社長はそのあたりの理解が深いですよね。

今矢 そうだね。それにデータや数字はクラブの資産でもあるから。監督という仕事はいずれ終わりが来るわけで、絶対に最後があります。そのときに自分が来た当初よりも良いクラブになったかどうかは、自分ひとりで仕事をしていたら何も残らない。色々な人に携わってもらって、クラブとしてこのフットボールをやるためには、こういうもの、こういう人が必要で、今回で言えば、パッキングレートやインペクトがその達成基準を示してくれる。その実践データはクラブに残るし、今の時点でも溜まっていると思うので、それをさらに研ぎ澄ませて行けばいいのかなと思います。

――パッキングレートやインパクトには、従来のデータ項目よりも重きを置いていますか？

今矢　重いほうですね。橋谷が先ほど言ったように、試合の振り返りでは映像に入る前に必ず見せるくらいですから。前半こうだった、後半こうだった、と。他のスタッツについては、たとえばコーナーキックの数とか、誰でもわかる数字は触れる必要がないこともあるけど、パッキングレートとインパクトは必ず触れます。振り返りの際の比重は非常に大きいと思います。

橋谷　あとはスタッツ同士の補完という意味でも、ラインブレイク、相手の背後でアクションした回数も重要ですよね。

今矢　そう。その回数が少なければ、インパクトも少なくなるし、同じようにペナルティーエリアの侵入回数が少なければ、インパクトも少なく、比例する数字なので、データの補足になります。あとは逆もあって、パッキングレートもインパクトも取れているけど、シュート数が少なければ、実は相手陣でボールを持っただけ、怖いことができなかった、とも言える。色々な指標を持つことで、そういう客観的な試合の内容、どこに改善点があるかを見つけやすくなったと思います。

あとはカタールワールドカップの後、ペナルティーエリア内のゴールエリア幅の中で、オープンプレーの90％以上のゴールが生まれているという数字が出てきました。だったら、そこに何回入っていけるかの勝負なので、今はその数字も取っています。

考え方によっては、この試合はインパクトの意味がなかったね、ということもありますよ。たとえば相手が思い切り引いて、そもそも背後のスペースが全くない、と。でもゴールエリアの幅に入れば、背後は取れなくても点は入るわけですから、そのプレー数を見ればいい。相手がそういう特殊なチームの場合は、意味を為さない数字もあるので、そのときは1回無視して、他の数字を見る。観点を変えなければいけない場合もありますよね。まあ、そういうチームはJFLにはあまりないですが、仮にあった場合はそういう使い方になると思います。

――データは抜け穴があるけど、多面的に数字を取っていけば、穴をカバーしやすいと。

今矢　そう。あとはゲームの流れもあると思うんですよ。すごくパッキングレートもインペクトも取れたけど、実は相手が開始1分で1点リードしたから、守っていた。こちらは相手が引いてくれたから、ポイントを取れただけ。そこに意味はないですよね。色々な要素が絡むので、たとえばそれで試合に負けたとき、パッキングレートもインペクトも取れているから良しとするのか。そのポジティブ思考はいいけど、本質的には外れているかもしれない。

そこは監督の腕の見せ所で、どういうメッセージ性を乗せていくか。情報をどう使うかはセンスもあるし、監督が示したい方向性が問われると思います。

データと結果の相関をどう見るか

——数値が出なかったら課題はわかりやすいですが、仰るように、数値が出ているのに結果が出なかったときは、スタイルが表現できたのに結果が出なかったとも言えるので、監督としては難しい、まさに腕の見せ所かなと思うのですが、どうアプローチするのですか？

今矢　試合によるとは思いますね。本当に決定機で、FWの選手が目の前のゴールを3回外したとか、言い方は悪いですが、それは誰が見てもその選手が決められるか否かだよねと（笑）。逆にポイントは取れているけど、実は半決定機、ということもある。場合によっては決めるけど、本当のチャンスだったのかどうか。そこはなるべく嘘がないように見極めたい。

もちろん、チームが落ち込んでいるときは活気を取り戻すために、「ポイント取れてるから。こんなにゴール前に入ってるし、ゴールエリアにも入っている。これを決めてれば展開は変わったぞ！」と。少しバイアスをかけて強調するような言い方を、あえて選ぶかどうかは、チームのメンタル状態によると思います。チームが乗っているときなら、欠点を厳しくも言えますし、そこの観察力が監督は問われます。今、チームが何を必要としているのか。

——監督がその見極めに集中するためにも、アナリストやコーチとの分業が必須ということですね。

今矢　おっしゃる通りです。もちろん結果は大事ですけど、結果にとらわれないチームの方向性の示し方が必要で、自分は何をやりたいのか、監督は何をやりたいのかを明確にしなければいけません。基本、監督はみんな頑固だと思うんですよ。そこは良い頑固と悪い頑固があって、極論を言えば、このフットボールをやり尽くして結果が出なくても、それでOKなのかどうか。そこまで割り切れているのか。ある意味では、結果を手放すことができているのか。そこが大事だと思います。

——今矢さんはどちらですか？

今矢　もちろん葛藤はありますけど、僕は結果を手放そうとしています。やるべきこと、自分ができることをやる。よく選手に言いますが、自分がコントロールできることに100%集中する。結果を気にするのは、集中していないということ。このシュートが入らなかったら試合はどうなるか、負けたらどうなるのか。それを考えるのは、すでに集中してないんですよ。

――アンジェ・ポステコグルー監督もそういうタイプだったんですか?

今矢　うーん、結果を手放してたかどうかは分からないですね。勝ちに飢えている方ですし、本心を語らない方なので、どうなんですかね。そこはわからないです。どういうメンタリティで挑んでいるのか。

――結果を手放せる監督は、少数派のような気がします。

橋谷　少なくとも長い目で見たときには、そっちのほうがいいですよね。今この瞬間の勝負で言えば、結果ばかりの話になるかもしれないけど、試合は勝ち方と負け方があって、その勝ち負けの中でやるべきことをできているかどうかにフォーカスする。それが大事だと思っています。

監督には「知的謙虚さ」が必要

――今矢さんがクラブにアナリストを希望して、やって来たのが橋谷さんだったわけです

が、正直、変わった人ですよね（笑）。最近主流の、大学でスポーツ科学を学んでJクラブへ行くような若い人ではなく、元々がフットサルの人で、かつ一般企業で営業という社会人経験もあって、まさに異端のキャリアです。この橋谷さんに、今矢さんはどんな印象を受けたんですか？

今矢 ハッシー（橋谷）はフットサルから来たので、色々なことがわからなくて当たり前だし、監督には育てる義務があると思っていました。アナリストだけでなく、アカデミーのコーチだって、いきなり僕が言うことをできますかと言われても、無理なオーダーですから、それは最初からわかっていました。

先ほども言ったように、ハッシーは人の心を読む力というか、こうやって話したほうがいいときなど、コミュニケーション能力がすごく長けていました。結局、スキルは後から付いてくるものだし、今は分析ソフトもあるから、細かいスキルはあまり問題ではない。より重要なのは、監督が求めていることを理解して示すところで、それが良かった。

そして、あとは本人がやるかどうかです（笑）。変な話、どれだけ優秀な日本代表のアナリストくらいの人が来ても、誠意を持って仕事をしてくれなければ意味がない。最後はキャラクターですね。最後まで全うしてくれるかどうか。ハッシーはちゃんとやってくれるし、もちろん3年目なので、1年目の信頼度とは違うし、それはコーチ陣も一緒だけど、僕自身いろいろな良いスタッフに囲まれて幸せですね。

――パッキングレートやインパクトという、新しい指標を導入することに不安はなかったのですか？

今矢　不安はなかったですね。ダメだったら、これはやめようでいいんだから（笑）。

橋谷　僕も運用してみないとわからない部分はあったので、それで良かったです。フットサル時代ですけど、このデータがあればいいなという数字を取って、監督に「こういうの取ったんですけど」と話したら、「あ、うん、あそ」でボツになった経験もいっぱいありましたから。これは使えないのか、これは監督に必要ないのか、これは俺の自己満だったか、そういう経験をして来れたのは大きかったと思います。

今矢　そういうところだよ。とにかく、話を持ってくる流れが良かった。人の気持ちがわかっていて、まさに自己満ではない。このチームのために、この監督がやるフットボールをより良い方向へ持って行くために、「必要だと思うんです」と。そう言われたら聞くしかないじゃないですか（笑）。それはすごく頭の良いコミュニケーションの取り方だったと思います。

あと、先ほど言われた「不安がないか」についていて、すごく監督として気にしていることがあって、言っちゃ何ですが、通っちゃうんですよね。監督の意見って。（テーブルの上の名刺を手に取って）これが黒だ、と言えば黒なんですよ。白なのに。それぐらい監督が発する言葉には影響力がある。

　だからこそ、自分は間違っているかもしれないと釘を差してくれるもの、気づかせてくれるものを、持っておかないといけないと思います。何か新しいものがあれば、それが良くても悪くても、まずは話を聞かないと。よく「知的謙虚さ」と言うのですが、1＋1＝2だとわかっていても、「3」と言う誰かを「馬鹿野郎」と突き放せば、それはもう監督のバイアスが入ってしまう。「どうやって3になったのか教えて」と言えるのが、知的謙虚さだと思うけど、監督はそこに陥りやすいんですよ。自分の意見が通っちゃうから。何でも通ります、はっきり言って。

（名刺を指して）誰かがこれを「緑だ」と言ったときに、僕は「どうやってこれが緑に見えたんだろう」と考えることにしています。そうすると、新しいものに対する不安はない。聞いたり試したりして、最後にジャッジすればいいだけ。良くなかったら、「やっぱりうちでは使えないわ」と言えばいいんだから。

——日本はデータを嫌がる監督も多いですよね。惑わされたくないとか、それで判断したくないとか。

今矢　よく聞きますね。

――そういう監督さんのことも、理解はできるんですか？

今矢　結局、信念だと思います。そこに圧倒的な自信があるかどうか。勉強してある程度自分の中でわかっているなら、データを取り入れてみようと思える。惑わされることはないと思うんですよ。色々なデータをぶっ込まれたとしても、たぶん僕は大丈夫（笑）。

数字を見て、もしかして俺のサッカーが間違っている？　と思うかもしれない。それはそれでいいでしょう。気づけたんだから。データというのは、まさに客観的なものなので、惑わされることはないと思うんですよね。

データで「印象を整える」

――橋谷さんはパッキンググレートやインパクトで「試合の印象を整える」と言っています。監督やスタッフ、選手が見たものを、データと照らし合わせながらミーティングし、印象を整える。誰か特定の主観に偏らないように整えてくれる、そういう効果もデータにはありますか？

今矢　それは間違いないと思いますよ。データが気づかせてくれる場合もあるし、たとえばこの前の試合、良いと思ったんだけど、意外と普通だったんだね、とか。

橋谷　僕も同じです。数字にギャップを感じることがあります。良かったと思ったのに数字が悪かったときは、もう1回試合を見返して、「あ〜確かに」という気づきになったり。

今矢　3－0で勝ったときとか、結果に左右されるんですよ。人間の印象って。3－0で勝ったから0Kじゃん、という感じになってくるんですけど、実はあの場面で決められていたら、全然違う展開になっていたのでは？ということは、ここを抑えに行かなければいけないよね、と。そこに気づけば次の課題が見えてくる。印象を整えながらも、もちろん印象では終わらせないようにする。

それは相手の目線にもなるわけです。我々のサッカーを次の対戦相手が見た中で、これが入ってたら同点だったよね、というシーンを、おそらく相手は情報として取り入れるので、ねらってくる可能性があるんですよね。それはやはり閉じないと。隙を作ってはいけない。

――たとえば相手のフィニッシュが少なくて無失点だったけど、インパクトは取られていた試合で、結果として自分たちは大勝できた。こういう場合って、インパクトという数値がなければ、危機に気づきにくいかもしれませんね。

今矢　まさにその通り。もちろん映像では振り返りますけど、やっぱり数字の裏付けがあったほうが、僕自身もう1回相手のチャンスを見返そう、と注意しますから。やっぱりそこは気になるので。

橋谷　それによって振り返りの精度が上がると思います。印象が偏らないように、抜けないように、見落としがないように。

――なるほど。パッキングレートとインペクトは、もう手放せなくなったのでは？

今矢　このフットボールをやり続けて、勝つ確率が高いと思い続けている以上は、手放せないですね。間違いなく重要な指数です。もし、我々が守ってセットプレーで取りますというチームになったら、全く関係がない数字だと思うけど（笑）。

スタッフミーティングで〝目を揃える〟

――ところで、インペクトから気づいた要素は、次の試合までに修正しなければ相手が突いてくる恐れがあるので、準備しなければいけないですよね。それはつまり、試合明けの最初のスタッフミーティングの時点で準備できていないと、その週のトレーニングに間に合わなくなる。その分析のスピード感に、橋谷さんはこだわりがあると思いますが、監督も重要だと捉えていますか？

今矢　そこは非常に重要なポイントですね。修正以外にもストロングを確認する部分もあるし、ポジティブな要素があれば、そのインペクトの取り方を振り返ると自信につながります。この選手がここで前を向けば、結構インペクトが取れているんだな、とか。パターンが固定化されるのはダメだけど、ホットラインが出てくると手応えを感じられるし。

——選手に対してパッキングレートとインペクトで伝えて、しっかり理解してくれるんですか？

今矢　もう大丈夫だと思いますよ。新加入の選手以外は。

橋谷　新加入選手には個別で伝えてます。うちはこういう指標で、データを取っているんだよ、と。ただ、これで全部をジャッジするわけではなく、数値を取ってシーズンでどういう変化があったのかを見て、チームをサポートするものとして使っている、みたいな話をします。スカウティングや振り返りとか、ミーティングが終わった後、選手がちょくちょく聞いてきますよ。「どうでした？」って。聞かれれば個人のポイントも出すので、「こんな感じだよ」と。

——フィットネスみたいに、数字で自分のサッカー面の成長を知りたい選手もいるわけですね。

今矢　好きな選手は聞いてくると思います。自分の成長を見たくて、この試合はやっぱり良かったんだな、とか。

橋谷　個別はそんなふうにして、僕らがやっているんですけど、それもスタッフミーティングで監督の今矢さんのメッセージがぶれないというか、僕らに染み込んでいるので、コーチもアナリストも同じフィードバックができると思います。コーチが独自に「俺はこう思うんだけどさ……」みたいなことは起きないです。

今矢　「監督はこう言ってんだけどさ～」というケースかあ（笑）。

橋谷　うちでは絶対に起きないです（笑）。これは自信を持って言えますよ。僕はスタッフミーティングのおかげで成長させてもらったし、初めのほうは結構ミーティングを止めたんですよ。「それってどういうことですか？」みたいに、今矢さんにもヘッドコーチにも何度も聞いて。

それをオープンに受け入れてくれる空気感があったので、僕はすごく助かりました。そうやってミーティングを積み重ねて来たから、今、個別のミーティングを選手とやるとき、それが僕でもヘッドコーチでもコーチでも、フィードバックのずれがないと思います。

今矢　自分ひとりができることは限られているので、オープンマインドでなければ、損するだけですよね。ただ、その中で偉そうなことを言うと、確かにスタッフミーティングは、僕の中では隠れたレッスンをしていたつもりです。

——レッスン?

今矢 そう。あれは一番スタッフの成長につながると思います。

橋谷 贅沢ですよ。学びしかないです。

今矢 これも偉そうな言い方をすると、僕は試合を相当見ているので、ポインターを使って示すときも、おそらくみんなが見えていないところを指しているつもり。特に1年目のときとか、「え? あそこ?」みたいなところを。

橋谷 そういうところばかりでしたよ。

今矢 それが隠れたレッスンです。僕もこういうところを見なきゃいけないんだよ、見て欲しいんだよ、というレッスンでした。

橋谷 よく映像をパーッと見ながら、今矢さん、どこを指すんだろうと。僕はボールのほうを見てたら、今矢さんはそこじゃない箇所を指して、うわーそこは見てないって(笑)。今矢さんはここを見るんだなと、自分の中に溜め込んでいきました。

今矢 それを試合やトレーニングでは瞬時に

やらなければいけないからね。これはアナリストだけでなく、コーチに対しても隠れたレッスンなので、こういうところをサイドコーチング、シンクロでコーチングしなければ、深い指導はできない。みんなが見えているところで、そこ球際行けよとか、パン、パンって手を叩いて、それは当たり前じゃないですか。そんなことは誰にでも見える。

どうすれば選手がより良いプレーをして、成長して、チームのためになるかと言えば、全体像を見た中でコーチングができないといけない。それも瞬時に。だからアナリストが上から試合を見たときも、いい情報をもらえたら、ああ、そうなっているのか、確かにここはピッチ上だと見えなかったな、と気づかせてもらえる。

橋谷　練習中は今矢さんがどのタイミングで、どっちを向いているのか、初めのころはよく見ていました。ゲーム形式のとき、ボール以外のところをパッと見たり、そういう首の動きも。

今矢　ボールを見なければいけないときもあるから、全部がオフザボールじゃないしね。

橋谷　結構気にして見ていたなと思い出しました。

今矢　コーチ目線に立つことは、非常に大事だと思う。

今矢直城監督はパッキングレートやインペクトを導入提案を受けたときに柔軟に取り入れ、着実にチーム強化を進めている

橋谷　コーチミーティングは今でも学びが多いですね。目線を揃えるという意味でも、絶対にやったほうがいいと思うんですよ。監督はこうやりたいけど、もしかしたらGKコーチが「それだとちょっと……」となるかもしれない。目線を揃えるために何を強調したほうがいいか、そこが揃ってきます。

今矢　他のチームでも当たり前にやっているとは思いますよ。まあ、やらない監督もいるかもしれないし、スタッフ全員ではなく監督とヘッドコーチだけとか、少数で行うケースもあると思います。

ただ、仮に百歩譲ってスカウティングは少数でいいとしても、振り返りに関してだけは、チームがどの方向へ進むのかを考える大切な場所だから、そこでスタッフ全員を同じ船に乗せないというのは、僕はできないですね。

ハーフタイム用の映像作りは至難の業

橋谷　フットサルのときは、コーチミーティング自体がなかったです。それぞれが見て振り返って、監督が作った振り返り映像をミーティングで流すやり方だったので。当時は。

今矢　なるほど。

橋谷　みんなで映像やスタッツを見て振り返ることもなかったですし、そのコーチミーティングの映像を、アナリストが作る経験も初めてでした。

今矢　そうだったんだ。

橋谷　だから何を選べばいいのか、初めは悩みました。

今矢　そこは確かにセンスが出てくるからね（笑）。

橋谷　今思うと、それも良かったなって。監督が求めるものは絶対に残さなきゃいけないし、なおかつ、入れたほうが良いだろうなという課題感のある映像も、チーム全体を見ながら。

今矢　ちょいちょいダメ出しもするからね。あれ、あの映像ないのって（笑）。

橋谷　これか‼って思ったり、あー消さなければ良かった、なんてこともありました。だんだん、それも少なくなっていくわけですよね。最初の頃のハーフタイムなんて特に……ハーフタイムの映像って、勝負じゃないですか。

今矢　そうだよ、そうだよ。

橋谷　ハーフタイムに前半の映像を選手に見せるので、時間がない中で、本当に2〜3分で映像を選ばなければいけない。パッパッパッと今矢さんが求めるものをフィードバックできるように、使いたいものをチョイスできないといけない。

今矢　あれは本当に難しいと思うよ。ハーフタイムの映像、実際は前半45分まで待てないから、35分くらいの時点である程度まとめないといけない。

橋谷　そうですね。ある程度はストーリーを作っておきますし、試合中はヘッドコーチと電話がつながっていて、何度も聞いてます。「今矢さん、今は何を気にしてますか?」って。あーそれか、それは入れてなかったから足しますね、ということもあったり。

ミーティングの振り返り映像の延長線上に、ハーフタイムの話が出てくるので、全部積み重ねですね。その瞬間に今矢さんが何を気にしているのか、ジェスチャーや表情とか、そういうこともヒントになりました。

今矢　ハーフタイムは馬鹿にできないからね。強調したいところがあるし、後半に向けて。

橋谷　あー用意できなかったな、というときもあったし、今日はピタリ合ったな、というときもありました。

今矢　やればやるほど精度が上がるから。今はスタッフミーティングも結構発言するし、いいよね。

橋谷　そうですね。今、みんな発言しますね。何か怖くないというか、会議って発言するのが怖い場だったりすると思うんですけど、意見を言える空気があるので、僕もそうですが、勇気を持って発言できる安心感は常にありました。そのおかげで、精度はどんどん上がったと思います。

矜持は「10・80・10」の比率

――今の日本サッカー界は、若いアナリストが大学からJクラブに入ってくるケースが多いですが、数が増えてきた中で、アナリストの立ち位置について今矢監督はどう思いますか？

今矢　勝負事ですから、情報戦という意味では必須だと思うんですね。その役割は明確化しないといけないですし、それも全部が一方的な指示ではなく、今回良かったのはハッシーのほうから提案があって、アナリストから主体的に動いてくれた。たぶん、そういうことがアナリストの価値を高めることになると思うし、現場の監督からも認められる存在になっていく。監督が全部を示さなければいけないかと言えば、そうではないと思います。

あとは監督がアナリストに何を望むのかにもよりますが、他クラブだとアナリスト兼コーチもいますよね。大学サッカー出身の人だったら、ボールも蹴れるから、オンザピッチで分析をしながらそのままコーチングしたり、ピッチ上で映像を見せながらサポートできるような器用な人。コーチ兼アナリストのような感じ。

あるいは完全に上から映像を撮って、俯瞰してデータを取ってもらうのか。アナリストにも色々な役割を持たせることができるし、求めるものは監督によっても、その人によっても変わると思います。

――チームによってはアナリストをそれほど重要視していないというか、Jクラブでも1人しか入れていないケースもあります。

今矢　たぶん僕の場合、求めていることを1人に頼んだら、結構な量なんですよ。もたないんじゃないかと思う。僕の中では10・80・10というのがあるんですけど、10%はスタッフミーティングで僕が方向性を示して、間の80%はアナリストに作ってもらうんです。最後の10%でまた僕に戻ってくるので、最後に選手に見せる前に10%の仕上げを、僕がやりますよ、と。

たとえば、スカウティングでこの相手にはこうやってフットボールをしたい、ここを突きたい、と示す。その考えと方向性をアナリストが持ち帰って、80%の部分を仕上げて来てくれて、最後の10%はもう一度、監督がやります。そう考えたときに、チームのスカウティング、個人のスカウティングの80%を僕はアナリストに振るので、1人では難しいと思うんです。ましてJリーグで連戦となったら、振った仕事が返って来なくなるかもしれない。

橋谷　その10・80・10の話は、今初めて聞きましたけど、すごくしっくりきました。確かにそんな感覚でした。

今矢　人によっては80じゃなく、50くらいにして、監督が自分でやることもあるでしょうね。そのほうが手っ取り早いから、と。

——監督が自分でやれば齟齬がないのは間違いないけど、その代わり、未知だったパッキングレードを提案してもらうような可能性も減りそうですね。

今矢　そうですね。それに大事な時に、イレギュラーなことに対応できないとか、あるいは練習や試合のどこかで、監督がパワーを出してやらなければならないときもあります。そのときに連戦で、監督が作業に追われていたら、「え？　今何かあった？」「もういいよ」みたいになっちゃう。

橋谷　やっぱり、10・80・10がいいんだと思います。たとえばハーフタイムの映像は、監督から選手に伝えるときに使いますけど、あれも映像はこっちでセレクトしてあるので、80％に近い割合で選ばなければいけない責任感があります。監督が思い描くこと、気になっている映像を出せなきゃいけない。

今矢　たぶん、あれが一番プレッシャーだと思います（笑）。ハーフタイムの映像が。

橋谷　めちゃめちゃプレッシャーです。緊迫感がすごいです。

今矢　ハーフタイムは返ってきた選手がシャワー浴びたりとか、準備してる間、12分しかないわけです。その間の3分くらいで監督が話すから、そこで使う映像はこの順番にする、これを消して、この順番で……とパンパンパンと整えて、選手に話す。まあ時間はないですよ（笑）。

橋谷　全然、時間ないですよ。（F1のピットインみたいな？）本当にそう。選んでおいても、「あれないの？」と言われたら、僕はそれを入れてなくて、でも選手に話すギリギリまで探して、あった、ドン！　ということもありましたね。

今矢　あったね。あとは映像の用意はできても、試合展開によっては見せないこともあります。

――それはものすごく内容が良くて、言う必要がないとき？

今矢　それか、めちゃくちゃ悪いとき（笑）。もはやメンタルの問題という。その部分を話すうえで映像が必要だと思えば、納得感があるので見せますが。

今年の浦安戦（ＪＦＬ６節）なんて、典型的な例ですね。たぶん、中でやっている選手はみんなうまくいってると思ってたはず。前半は１－０で勝っていたので。ただ、僕の中では全く納得がいってなくて、これは言わなきゃいけないと思って。ナメるな、こんなんじゃ勝てないよ、このまま行ったら沈む一方だよって。

橋谷　あのハーフタイムは印象的でした。

今矢　この形で勝って、いい気になったらダメになる。「とりあえずみんな座れ!」って。

橋谷　ブチ切れたわけじゃないけど、監督の感情は伝わりました。珍しいほうなんですよ。今矢さんが感情を表に出すことは、そんなにないので、それを感じたのはピリッとしました。

今矢　信念があるから。ここは接着剤のようにチームをバッとくっつけたい瞬間があると思うんですよね。まさに、そのチャンスだった。チームを固くて強いものにするためには、ここを逃しちゃダメという瞬間があると思うんですよ。たぶん、監督には。

１－０で勝っている。選手も満足している。でも、あのままのフットボールを続けていたら、勝ったり負けたり、こういう波のある結果が続いたと思うんですよ。それを一番言いやすい状況だったから、監督はここで言わなきゃいけない。

選手がその辺でディスカッションしているときに、「とりあえず座れ」と言って。全然、僕の中では「そこじゃないだろ」みたいなディスカッションをしていたから。全員まだまだビビってるから、ボール受けようとしてないだろう。これもそう、これもそう、これも早く前に、と。

この場合は、やっぱり映像と照らし合わせないと。みんな、1－0で勝ってるし、うまくいってると思っているから。映像を見せなければ、言ってることが伝わらないです。

ただ、攻撃的に行けば、逆転される可能性もあったでしょうね。1－3や1－4とか。でも、そこは信念だと思います。私はこの方向で行きます、この方法以外に勝ち方はないから。これは良い頑固なのか、悪い頑固なのか、というところですね（笑）。

選手たちにもデータは浸透済み

――1－0で勝ってるけど、パッキングレートもインペクトもあまり取れないような内容だったら、そこは譲れない。どうやって選手に響かせるか。そういうジャッジやセンサーの重要性を考えたら、監督は作業に時間を取られちゃダメですね。

今矢　そうです。ポステコグルーさんなんて、もっと何もしなかったから（笑）。信念や決断のところに全部集中してますよ。

――なるほど。ちなみにですが、その前半1－0だった試合はハーフタイムの後、どういう結果になったんですか？

今矢　3－1で勝ちました。その試合が終わって数日後、選手の1人が僕のところに来たんですよ。「あれ、ハーフタイムに言ってくれて良かったです。僕は正直うまくいってると思ってたし、他の選手もそう思ってました。でも、あそこで監督がバンッと言ってくれたから、そっかなるほど、やらなきゃダメなんだ、これがチャンピオンメンタリティなんだと気づいた」と彼らも言ってくれたので、やっぱり大事だったんですね。

局面としても非常に大事だし、もっと言うと、あれでもし負けて連敗したら、今がなかったかもしれないですよ。そんなもんじゃないですか。何て言うか、自分から見たら、しょうもないフットボールで勝っても意味がないし、自分の成長もない。勝つなら、この勝ち方で勝たないと。負けるなら、この負け方だし。

――それくらい方向性がはっきりしていると、パッキングレートやインペクトはかなり有効な指標ですよね。2024年の橋谷さんは個人のデータを取る役割だったそうですが、そういう個人のデータに興味を持って聞いてくる選手って、どのくらいいるんですか？

橋谷　うーん、自分から僕のところまで聞きにくる選手は、10人のうち1人か2人くらいですね。

――まあそのくらいですか。

橋谷　でもミーティングでは必ず話に出てくるし、データに触れ合うことが多いチームだから、色々と派生していると思います。話題に出てくるんですよね。この前、食堂に行ったら選手たちが甲子園を見てたんです。そうしたら、「このピッチャー、インパクト取れてねーな」とか、僕が入ってきたら言うんですよ。たぶん、いじってるんですけど（笑）。その後に誰かが「こいつ、ラインブレイクできていないな」とか乗ってきたら、他の選手から「それ、お前のことな！」とツッコミが入って、盛り上がったりして。まあ言葉が浸透しているのは良かったなと思います（笑）。

――楽しそうですね（笑）。

今矢　選手もね、数字は気になっていると思いますよ。ただ、なかなか選手からスタッフには聞きに行かないし、性格的にもこっちから行かないと話さない選手も結構いるので。

あとはすごくレベルの低い話かもしれないけど、選手からハッシーやコーチへコミュニケーションを取りに行くと、選手同士であいつゴマすりしてんな、媚売ってるぞと思われるかもしれない。まあ、そういうこともあるから、アナリストもコーチもGKコーチも、みんなスタッフからどんどん関わりに行くスタンスを取ってもいいと思います。

橋谷　僕も今年はインディビジュアル・アナリストとして、個人のデータを見ながらフィードバックをする機会があるんですけど、そのとき思っていたよりも選手が耳を傾けるというか、興味があるんだなって感じてます。選手全員と話したけど、みんな興味がある感じでした。自分のことを数字で知りたがっているんだな、と。

今矢　それはそうだと思うよ。

橋谷　数字は客観的なので、あまり良くないものも出るんですけど、選手の捉え方はすごく前向きで、フィードバックに対して気持ちの良い態度を取っています。

——データが自然に溶け込んでいるというか、そういう風土があると、効果が高まりそうですよね。すごく伸びそうなクラブ。栃木シティのサッカー、面白そうなので、僕も今度観戦に来たいです。

今矢　ぜひ。お待ちしてます。

——今日はありがとうございました。

第 4 章

アナリストという存在

パッキングレートを提案するというチャレンジ

4章では、私のアナリストとしての仕事術をお伝えしたいと思います。最初の話に戻りましょう。初めて栃木シティの監督である今矢さんに提案したときのこと。

「パッキングレートって知ってますか？」

この言葉は、私にとって覚悟が必要でした。毎試合パッキングレートを自分で取るとなると分析作業が大変になるのはわかっていましたが、サッカーというスポーツにとってとても大切な指標だと思っていたので提案ぜずにはいられませんでした。一度見せたら「毎試合欲しい」と言われることは想像できます。そして、「やります！」と一旦返事をすれば、「すいません。大変なので、もう次からはできません」は通用しない。そう自分に言い聞かせ、シーズンの覚悟を込めて言いました。「パッキングレートって知ってますか？」と。

最初の頃はものすごくきつかったです。1試合取るのに、5時間くらいかかっていました。正直「やっちまった……」と思いました。でも、覚悟を決めて「やる」と言ったわけですし、監督の表情はしっくり来ている様子だったので、やめるわけにはいかない。それに加えて、パッキングレートとインパクトを毎試合取って分析しているアナリストは、日本中で自分しかいないだろうと、そこは野心というか、自分に対するチャレンジでもありました。ただ、毎試合は本当にきつかった。取り溜めてこそ価値があることは充分にわかっていますが、それでもきつい。なぜなら、私の仕事はパッキングレートの計測だけではありません。ミーティング用の映像作りなど、そちらが仕事の中心でした。

私はいつも試合を3回ずつ見ます。1回目はリアルタイムで見て、2回目は家に帰って、翌日のコーチミーティング用の映像を作るために、『スポーツコード』というソフトで視聴しながら試合のフェーズ分けをするためのコーディングを行います。3回目は『ダートフィッシュ』というソフトを使い、パッキングレートやインペクトなどのスタッツを収集するために視聴します。

2回目の視聴で行う映像のコーディングというのは、映像に対してフェーズごとに、たとえばビルドアップ、ミドルアタック、フィニッシングアタック、あるいはセットプレーとか、守備も同じようにフェーズに分けるためのタグを打ちます。そうしてフェーズをカットしながらも、「どのフェーズで何が起きたのか」を、ラベルを使ってコーディングを行っていきます。そうすることによって各フェーズの質が一目でわかるようになります。ボックス侵入の場面も、侵入して、シュートを打ってゴールになり、その打った場所がゴールエリアの幅だったとか、そういう情報もパッと見てわかるようにラベルを付けます**【次頁写真】**。

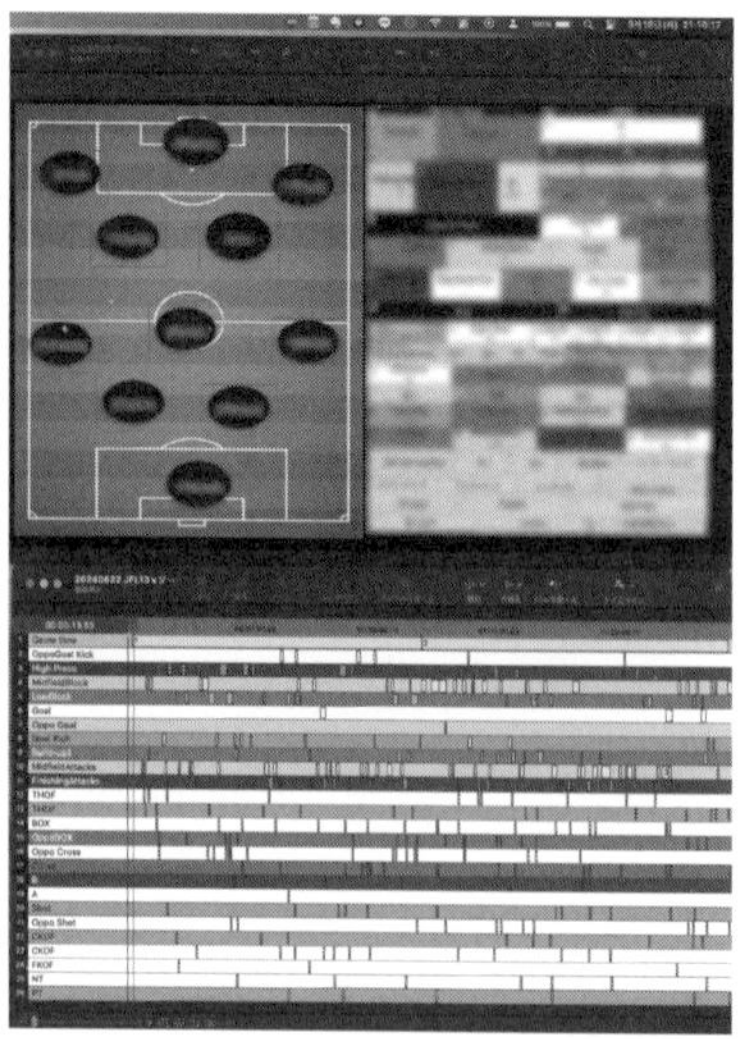

こちらは映像分析ツールの『Sportscode（スポーツコード）』の画面。大量の映像から活用しやすいショートクリップを作成できる

監督の頭の中にあるイメージに寄り添う

ここまで映像を詳細にコーディングしておけば、たとえば監督やコーチから映像を要求されてもすぐに映像を呼び起こすことができるので、コーディングは本当に大事な作業です。私もソフトの中でタグやラベルの種類をまとめて管理していますが、この作り込みこそ、アナリストにとっては命のようなもの。これ次第で、仕事の質も効率もすべて変わります。

このコーディングが終わったら、次はその中からプレーモデルのコンセプトに照らし合わせ、良かった場面をメインにコーチミーティング用のプレイリストにまとめていきます。私自身これはちょっと改善が必要ではないかと問題を提起するときは、バッドなシーンもいくつか抜き出したりします。このプレイリスト作りのさじ加減は、私に任されていました。「これは監督だったらグッドで残して欲しいだろうな……」とイメージしながら映像を作っていきます。初めのほうはやはり、足りないところもありましたが、徐々になくなっていきました。

コーチミーティングでは私が作った映像を使い、みんなで振り返り、翌日の選手ミーティングで見せる映像がチョイスされます。それを受けて、私のほうで映像に矢印を付けたり、スポットライトを入れたりと、コーチングスタッフの意図が伝わりやすいように映像に加工を入れます。

このあたりが2回目の試合視聴と、それに紐付く作業ですが、こうした映像に関わる仕事と併行し、パッキングレートやインペクトなどスタッツ収集のために、3回目の試合視聴を行うことになります。最初は1試合に5時間かかりましたが、少しずつスムーズに1・5倍速くらいで再生しながら、タタタタタ……と効率良く打てるようになり、最終的には3時間で取れるところまで縮まりました**【次頁写真】**。

最初は試合から2日後の選手ミーティングの場に、パッキングレートとインペクトを付けた試合レポートを出す必要があったので、最初はそれに合わせてスタッツを取っていました。ただ、徐々に私自身が作業時間を縮めたことで、試合の翌日にレポートを出せるようになり、コーチミーティングの時点で数字を提示するようになりました。それによって、前述したようなミーティング前に数字を見ながら所感を言い合い、スタッフ間で試合の印象を整えることができました。

やはり、客観的なデータがあることで印象に引っ張られずに事実を正確に捉えることで試合の振り返りの精度が上がる効果があると思います。

こちらは映像分析ソフトウェアの『Dartfish（ダートフィッシュ）』の画面。直感的に操作できるインターフェイスを採用している

改良を重ねてスピードアップに成功

その意味でも、試合翌日の時点でパッキングレートやインペクトを集計し終わり、レポートに出せる状態になったことには、大きな意味があったと思います。その要因は私がダートフィッシュを使ったスタッツ収集に慣れ、3時間で取れるようになったこともありますが、もう一つは集計とレポート作成の自動化を図ったことです。

最初の頃は試合レポートをパワーポイントで作っていたのですが、パッキングレート等の各種スタッツをいちいち手入力でコピー&ペーストすると、時間がかかるし、ミスも起きてしまいます。これはもうやってられないな、と思い、スプレッドシートから自動的に引っ張り出してレポートが作成されるように改良しました。普段の業務をしながら勉強して作ったので、大変ではありましたが、自動化に成功すると、一気に楽になりました。本当にものすごく楽になったので、時間をかけてよかったと思います。

特に変わったのは個人スタッツです。それまでは一人ひとりのパッキングレート等の数字をまとめるのに、1試合で2時間近くかかっていました。ところが、自動化するとダートフィッシュから書き出したCSVファイルを貼るだけ。これでかなりの時間を節約できるようになり、他の作業に時間を使うことができました。

また、走行距離やMAX時速などのフィジカルデータは、選手が装着したGPSデバイスからフィジコ（フィジカルコーチ）が入力してくれるのですが、これもスプレッドシートで管理しました。さらに自動化したレポートや個人スタッツは、強化部やオーナーも常に見られる状態なのですが、これも毎回レポートを送るのは負担になるので、ネットワーク上に置いておき、権限のある人はいつでも見える状態にしました。

余談ですが、私はPCのマックも、最新のものを使っています。シーズン中は1日に12時間や13時間も触るので、動作がカクつくことがないよう、良いものを使うように心がけています。パッキングレートを取っている最中に、クルクルと回り始めたら、1試合3時間なんて絶対に不可能です。あらゆる面において、私は自分の仕事の効率化を図りました。

「パッキングレートって知ってますか？」

そう監督に言ったのは自分自身です。アナリストとしての責任を完遂するため、全力を尽くすだけでなく、効率化も徹底して、仕事の質を上げました。

練習の映像も情報を整理する

私のタスクをまとめると、ミーティングやコーチング用の映像を作ること、データ分析と集計を行うこと、対戦相手のスカウティングを行うこと。主にこの3つでした。

分析に特化させてもらっていたので、試合や練習のオンザピッチについては、ほぼ関与していませんでした。試合中はスタンドから、練習中はピッチの脇で、データを取ります。

練習中はカメラにパソコンをつないで、映像を取り込み、練習も試合と同じようにフェーズに分けました。アップ、トレーニング1、トレーニング2といった具合にタグを付けていき、クロスからシュートへ行く練習なら、誰が決めたなど番号も記録しました。セットプレーの練習も細かくタグを打っているので、わざわざ早送りや巻き戻しで探さなくても、フリーキックとだけ押せば、フリーキックの瞬間だけを切った映像が出てくるようになります。試合と同じように、練習もこうやってコーディングを行います。

その最中、たとえばですが、監督のほうで大きなジェスチャーというか、何かを言った場合は、ミーティングボタンを使って記録します。

練習が終わると、コーディングが仕上がった状態で監督に映像を渡します。コーディングがしっかりとできていればあとから映像を振り返りやすくなるため、そういったところもアナリストの重要な仕事となります。

監督とコミュニケーションを取り、同じ絵を描く

そうした基本的なアナリストの業務と併行しつつ、私はパッキングレートやインペクトの分析を深めていきました。「パッキングレートを手動で取っている」と私が伝えたとき、必ず誰よりも驚いて見せるのは、同業のアナリストの仲間たちです。「あれを手動で取れるの⁉」と。

私はレートの仕組みを調べたときに、これは手動で取れると感じましたし、フットサル時代にも守備ラインを超える前進するパスをアタッキングパスと名付けてカウントしていたので、数えるだけなら充分やれると思っていました。とはいえ、それはチーム全体のスコアの話であって、結局、もっと使えるデータにしたいと考えると、やはり個人の部分、出し手と受け手、誰がどれだけ出して、誰がどれだけ受けているのか。そこまで深く入っていくと、監督にとってもかなり使えるスタッツになります。

最初はチーム全体の数字として出すつもりだったのですが、スタッツを取りながら「これは個人スタッツが出たら監督は喜ぶだろうな」と感じ、後から個人のパッキングレートも取るようになりました。監督は一層気に入ってくれたと思います。

私は監督との距離が近く、監督に寄り添うタイプのアナリストだと、最初に述べました。コミュニケーションをたくさん取り、監督の考えや要望を汲み取り、思い描いている絵を同じにしなければいけない。

ここが一番大変だと思います。コーチミーティングの映像チョイスもそうですが、徐々にすり合わせていくしかありません。私も2年間の最後でさえ、地域チャンピオンズリーグ決勝の6試合で1回だけありました。ハーフタイムの映像で「あのシーンと、このシーンないの?」と言われ、監督が求めている場面を出せなかった。そのシーンは私の記憶に残っておらず、「どのシーンのことを言っているんだろう?」と戸惑いました。それは同じサッカーを目の前で見ているけど、見ている箇所が違うということ。今日は同じ目線に立てなかったな……と悔しい思いをすることはありました。

それを少しでも減らすため、試合が終わった後には監督にいつも聞いていました。「今日のハーフタイムの映像どうでした?」「欲しい映像はもっと他にありました?」と、ほぼ毎回聞いていると思います。ミーティングのときも、「今日のミーティングの加工、矢印とかスポットライト、あの感じはどうでした?」「矢印は上じゃなくて、もうちょっと下向きの矢印にしてほしかったね」とか、細かいことですが、こまめにフィードバックをいただきながらやらせていただきました。

そこで合わないのがダメなのではなく、監督のことを理解するのが一番大事なので、「このシーンは確かにゴロ矢印のほうがいいですね」「次からはそれでいきます」とか、そういうすり合わせはずっとやっていました。

監督を楽にさせるのがアナリストの仕事

よく監督が移籍するときに、コーチを連れて行くとか、欧州のサッカーではよく聞きますが、理想で言えば、コーチ+アナリストも、監督と一緒に動くのがベストだろうとは思います。監督からすれば、口を動かしているだけで思い通りの映像が出てくるわけなので、何より便利だと思います。

その分、監督は時間が増えて、決断に集中することができる。だから私も、監督に作業なんかさせない、と思っていました。監督は決断をする仕事です。監督が思い描くものを作るのが私の仕事なので、そのレベルが高ければ高いほど、監督が必要としてくれる。アナリストはそうならなければいけない。

「これちょうだい」「これ出して」

そうやって監督から細かく指示されれば、アナリストの仕事は楽だと思います。しかし私は、監督が何も言わなくても、監督が欲しい映像をハーフタイムに準備しておけるアナリストになろうと考えました。指示をする負担を監督に課すのではなく、監督を楽にさせられるアナリストになろうと。

ミーティングやコミュニケーションを重ねることで、そのとき監督が何を欲しがっているのか、どういう映像や資料を求めているのかを、自分の中に経験として積み重ねていきます。

とはいえ、資料を出しても、監督に刺さらないことはあります。刺さらないのは仕方ない部分もありますが、監督の意図を汲めずにそうなってしまったときが、一番悔しいものです。

たとえば対戦相手のスカウティングレポートを作って、ミーティングへ行ったとき、監督にどんどん突っ込まれました。「この選手はどういう選手なの？」といった突っ込みが厳しく、うまく情報を伝えられなかったり、もう本当に全然うまくいかなかったことも何回かありました。監督からパッと来た言葉に対して、パッと返せず。

たぶん、それは監督もあえて厳しくやってくれていたと思います。「俺はこれも気にしてるよ」「俺と仕事するならこれを気にして欲しい」というメッセージだと思っていたので、毎回のミーティングが学びでした。これを気にするんだ、そうだよな、これも気にするよな、と私も少しずつ項目を作っていく。これはパッキングレートではなくスカウティングの話ですが、監督を知り、監督の意図を組むことが、私のアナリストとしての仕事の根幹にあります。

アナリストの始まりはハッタリ

最後に私のキャリアについて、お話できればと思います。

私は「集中したらすごいね」とよく言われます。分析に集中し、3時間でパッキングレートを取ろうとする間、私は周りの声がほとんど聞こえません。気づいたら何時間も、あっという間に過ぎていて、シーズン中は1日の半分以上、パソコンを触っています。生まれながらのアナリストのように見えるかもしれません。

ただし、実は私自身、理系的な勉強や経験は一切してきませんでした。完全に未経験、ゼロです。分析どころか、パソコンにも興味がなかったので、学生の頃からこういうものには全く触れずに過ごしてきました。

転機が訪れたのは、フットサルの現役を引退し、GKコーチになってからでした。30歳くらいです。私はバルドラール浦安の女子カテゴリ、ラス・ボニータスでGKコーチをしていましたが、そのとき浦安からGKが2人、日本代表に選出されました。ところが、当時のフットサル女子日本代表にはGKコーチがいなかったため、私に声がかかったのです。私が指導者になって2年目くらいでしたが、指導していた2人の選手が選ばれたので、そのつながりで呼ばれた形でした。

当時の監督は在原正明さん（現モンテディオ山形アカデミーフットボールコーディネーター）でしたが、サッカーのA代表のように各役職を置けないため、GKコーチだけではなく、他にも兼任してくれないかと言われました。その流れで「分析やってる？」と聞かれたのですが……。

私はとっさに「やってます」と答えました。ハッタリです。本当はやっていませんでした。すると「2カ月後にミーティングをするから、そこで分析してきたものを見せて」と言われ、そこからです。地獄が始まったのは。

まずはパソコンを買う。なんと、そこからです。そして映像編集ソフトを買い、とにかく触る。色々な試合をカットして並べ替えながら、2カ月で20本くらいスカウティングビデオを作りました。分析のことは何も知らなかったので、人に聞き、本を読んで毎日フットサルを勉強しました。どんなスポーツなのかと立ち返って、どう試合を分解したらわかりやすいのか、2カ月でかなり学びました。

そしてできた分析映像の中で、一番出来の良いものを在原さんに見せた結果、「これくらいできるならＯＫ。まあ多少変えてもらうけど」という感じで、ハッタリから2カ月後、私の日本代表入りが決まりました。アナリスト人生はここから始まっています。

できると言ってしまえばやるしかない

「分析やってる？」と聞かれたときは、チャンスが降ってきた、これを受けなかったら一生後悔する、と感じました。

逃したらダメだと思い、あのときはハッタリで「やってます」と言いましたが、実はこのスタイルは、私のサラリーマン時代から続くものでした。

「ＯＫです。わかりました。その値段でいきます！」

フットサル時代はアマチュアだったので、昼間はＩＴ企業で営業をしていましたが、そこでも私は、先に風呂敷を広げるタイプでした。一度「できる！」と言ってしまえば、もう後には引けません。その後は社内調整をがんばるしかない。お客さんの希望通りの値段に設定するために、社内調整でものすごく汗をかきます。後から必死に帳尻を合わせる。

だから在原さんの「分析やってる?」に対して、「やってます!」とハッタリを言ってしまったのは、まさに自分そのものでした。その後の2カ月で、地獄を見たことを含めて。

最近のJクラブは、大学でしっかりと分析を学んだ方々がアナリストとして働いていることが多いです。志を持ちながら勉強をして、筑波大学などは監督も含めて人材を育てているので、素晴らしいと思います。そういう若い人たちと話すと、サッカーの知識がすごく、勉強になります。「良い見方するなぁ」と思うことばかりです。

フットサル女子日本代表も、私が関わった頃よりも環境が整備され、男子も女子も分析担当に学生が入っているので、もう私のような人間が出てくる余地はないと思います。

そう考えると、あのとき「やってます!」とハッタリを言わなければ、二度とチャンスはなかったでしょう。タイミングが来たら、絶対に逃してはいけない。

分析の世界に感じた可能性

当時はGKコーチだけで生きていけるのかどうか、正直、すごく武器が弱いなと思っていました。自分が生きる場所はどこにあるのか。生き抜くために、どのポジションが一番自分が上に行けるのか。それを考えたとき、分析をやれたら強いんじゃないかと考えました。2015年頃はフットサルでアナリストを名乗っている人がいなかったので、だったら先にアナリストと名乗ろう、と。それがスタートですね。分析にはすごく可能性を感じました。

逆に、他のみんなはやりたがらなかったです。地味に大変ですから。だけど、私が生きていた営業の世界では、結局ハードワークした者が勝つ、という感覚だったので、分析の仕事に違和感はありませんでした。パッキングレートの話にしても、おそらく大学で勉強した人はみんな知っているはずです。理論も算出方法も。また、パッキングレートの研究として複数人で取り組むことも、やっていたと聞いたことがあります。

ただ、実際にチームでシーズンを通してデータを取り続け、チーム作りに生かしたアナリストはいないと思います。私はJリーグを目指すプロのクラブ、栃木シティで2年間、一人で100試合以上もパッキングレートを取り続け、それをチームの強化に生かす試行錯誤をしました。今矢さんのような価値観を持つ監督がいてこそ、ですが、本当に大きな経験をさせていただきました。

同業者に「あれって手動で取れるの⁉」と驚かれるくらいなので、パッキングレートを取り続けるなんてことは、誰もやりたがりません。異色のキャリアの私にしかできないことがあるはずと、ずっと思ってきましたが、その一つはもしかしたら、このパッキングレート実践だったのかもしれません。

相手の期待を超えていけ

幼い頃から忍耐強かったとか、コツコツやる作業が好きだったとか、そんなことはなかったと思います。それは大人になってから。25歳を過ぎて、現役を引退した後からだと思います。少しずつ、自己成長にフォーカスし始めました。

私は27歳か28歳の頃、講演家の中村文昭さんのYouTubeを見たのですが、中村さんは「何のために」を追究する方でした。何のために仕事をするのか、何のために生きているのか。

それを「夢」や「希望」と答えれば、「夢がなくても別にいい」という話をしていました。夢がなくても、目の前の人にありがとうって言われたり、幸せにできたことが自分の人生を豊かにする。そんな話をされていました。「頼まれごとは試されごと」と、その講演会ではよく言われていましたが、人に頼まれたら、それは自分が試されていると思ってやりなさい、挑みなさいと。

そのときに出た話を少しアレンジして言えば、たとえば夏の暑い時期に「ジュース買ってきて」と監督に頼まれたとします。ちょっと知り合いのコーチが来ているから、渡すために。そんなときに、「なんで僕が!」「このクソ暑いのにふざけんな」と思いながら買いに行くのと、早くジュースを飲んでリフレッシュしてもらうために、小銭を受け取った瞬間に全力ダッシュして買って戻ってきたら、そこに来た知らないコーチは「いや、もうまさかそこまでやってくれるとは」と、おそらく私のことが少し記憶に残ると思います。「ありがとう」と言ってくれるでしょう。

ジュースの例があまりピンと来ない人もいるかもしれませんが、要は「相手の期待を超えて行け」ということです。それが大事なんだなと、社会人になって現役を引退した後に気づきました。

対談にもありましたが、栃木シティで今矢さんのプレーモデルを聞いたときも、

「パッキングレートって知ってますか？」

「え？　知らない」

「じゃあ、これは僕からの提案ですけど……」

おそらく、今矢さんはそんな提案をしてくるとは思っていなかったはずです。新しく一緒に

組むアナリストが、フットサル界からやって来て、サッカーの知識すらない。当時の私は「ストーン」すら知らなかったのです。セットプレーで前に立たせる選手の役割のことですが、私が「知らない」と言ったら周りは「信じられない」といった様子でした。そんなサッカーの知識ゼロの人間が、まさかそんな提案をしてくるとは夢にも思わなかったでしょう。

でも、私は「期待を超えなければ」とずっと準備していたのです。当たり前に、普通のアナリストと同じように映像作りとスカウティングをこなすだけでは、期待は超えられない。じゃあ、どうやって期待を超えるか。それがパッキングレートでした。大変です。5時間かかりました。一度では済まないから、毎試合の負担になります。それでも今矢さんの期待を超えるには、これしかない。

仕組みを説明して、感触が良かったので、今矢さんはすぐに実際のデータを欲しがるはず。そう思いました。だから、なるべく早く出す。私は次の日に出しました。今矢さんは驚いていました。「え？　昨日話したばかりなのに、もう出てくるの？」と。

これも期待を超えていく、ということ。「期待を超える」ことに、私は今でもフォーカスし続けています。特にスピード感において相手の期待を超えるのは、誰でもできることなので、やったほうがいい。それは社会人になってから気づきました。

「頼まれごとは試されごと」

私がすごく大事にしている言葉です。相手の期待を超える――。

期待を超えるのに一番大事な要素であり、誰でもできるのはスピードを上げることです。依頼されたことについて「あの件、どうなった？」と聞かれたらもうおしまいです。それを言われる前に誰もが驚くスピードで仕事をする。

私の信頼の獲得の仕方は、スピード感を上げること。本当にそれだけです。むしろ、それしかできません。

期待を超えるところにフォーカスし、ハードワークで期待を超えていく。このあたりはアナリスト以前の話になってしまいますが、そういう経験を積んできたことが、今、サッカー界でも生きているのかなと思います。

栃木シティではCITY FOOTBALL ACADEMYというサッカーの専門学校を持っていて、そこにアナリストを志望する学生たちがトップチームにインターンで来ています。

よって、彼らにもまずスピード感を大事にしてもらっています。

最初から質を求めるな、と。スピード感を上げて量をこなした先に質がついてくる。信頼を勝ち取り、どこに行っても活躍できる人になるために。

「期待を超えていく作業が俺たちの仕事だ」と。

アナリスト最前線

特別対談 2

庄司悟 × 橋谷英志郎

日本サッカー界におけるアナリストの第一人者と新進気鋭のアナリストの対談が実現。昔と今を行き来しつつ、「アナリスト最前線」をテーマに語り合ってもらった。

データ分析の源流はドイツにあり

橋谷英志郎（以下、橋谷）　庄司さんとお会いするのは今日が初めてなんですけど、以前ある雑誌でダートフィッシュ・ジャパン（分析ソフト会社）の藤井透さんと庄司さんの対談記事があって、藤井さんが僕のことを庄司さんに話してくれていました。Fリーグのアナリスト（当時）に、こんな人がいるよ、と。

僕はある試合の後に、分析した内容について対戦相手の監督に質問しに行ったことがあるんです。「あなたのフットサルを分析して、こういう理解をしていたけど、でも今回は初めてのことをやりましたよね？　それは一週間前にUEFAのフットサルチャンピオンズリーグ決勝で、バルサが見せた戦術ですよね？」と。聞いたら、「そうだよ」と教えてくれました。

僕は試合中にはそれがわからなかったんです。だけど選手の一人が気づいて、「いやこれ、先週のバルサのやつっぽいぞ」とボソッと言った。その人は分析に厳しい選手で、試合中にも「ハッシー！　お前これ言ってないパターンじゃん！」とよく僕に指摘してくるんですが、よく見ているから気づいたんですよ。

僕は対戦相手の試合は全部分析したけど、逆に対戦相手しか見てなかった。その監督が海外のフットサルを見る人ということは知っていたので、僕がトレンドを敏感にキャッチしていれば、準備できたかもしれない。それで試合の後に確認に行ったんですよ。そうしたら案の定。やられた‼って。

その話を藤井さんが庄司さんにして、「Fリーグのアナリストに勇気がある人がいるんだね」というふうに対談で話してくれていました。その後、庄司さんからDMを頂いたり、僕も庄司さんの本を買って読ませて頂いていましたし、色々とつながって、今日こうやって初めて話ができるのは本当にうれしいです。

庄司悟（以下、庄司）藤井さんから「フットサルで庄司さんと同じようなことをやってる人がいますよ」と聞いて、チェックはしていたんですよ。SNSで発信していますよね。

橋谷 YouTube、Twitter（現X）、Instagramとかですね。

庄司 部屋にモニターをたくさん並べて、画像を取りながら分析して、横の時計を見たら朝5時。

橋谷（笑）。

庄司 栃木シティで橋谷君がやっている朝活（の動画）をずっと見てたから、これはいい仕事ができそうな人だと思いましたよ。まあ、実際にどんな仕事をしているのかは知らないけど（笑）。

ただ、今日は「アナリスト最前線」なんてテーマをもらったものだから、最初に一発かましておこうかなと。

――……え？

庄司　（編注：庄司氏は1975年から2009年までドイツ在住）高原（直泰）がハンブルガーSVにいた2003年頃、彼がたまたま途中で交代したとき、実況は「シュート1本、ボールコンタクト26回、そのうちパスは16回成功、ファウルは1回、この状況だと交代はあり得ますね」と言うんです。裏ではデータセンターのオペレーターが124通りのアクションから、誰が誰へパスを出した、スローインは誰から誰と、全部記録している。そのデータセンターのオペレーターから、実況の裏にいるオペレーターにデータが飛んでくるわけです。ドイツでは昔からそういう中継が当たり前だから、今日は彼の弟の誕生日ですねとか、そんな余計な話はできないんです。

それと同じような数字はテレビの画面にもあり、日本で言うデータ放送のような形でテキストを押すと、3ページくらいでポンと出てくる。ボールコンタクト、パス成功率、個人もチームも、テレビのリモコンで切り替えれば出てくる。そういう中でサッカーを観戦する習慣がドイツには元々ありました。

――最近はJリーグでも放送中にそういうデータが見えたりしますが、ドイツでは何十

庄司悟（写真右）
1952年1月20日生まれ。1975年に渡独。ケルン体育大学サッカー専門科を経て、ドイツのデータ配信会社『IMPIRE』（現 Sportec solutions）と提携。ゴールラインテクノロジー、トラッキングシステム、GPSの技術をもとに分析活動を開始。日本サッカー界のアナリストの第一人者。

年年も前から当たり前だったと。

庄司　ドイツは第二次大戦の反省から、メディアがプロパガンダを嫌います。そこで人々が特に煽られやすいサッカーに目を向け、データを可視化して客観的な数字で見せようと、データの配信会社が生まれた。これは煽りを排除し、ピッチで出るアクションを客観的に数字で表現しようと、メディアが主導していました。

そのデータ会社は、メディア以外にもサービスを提供します。個別にクラブと契約していますが、その契約も二本立て。チームの分析と、もう一つは監督の分析です。その二本目は、SD（スポーツダイレクター）やGM（ゼネラルマネージャー）、あるいはオーナーのためのレポートです。

ここが日本と大違いなんですよ。アナリストの立ち位置が、SDやGMと同じ次元にあります。彼らは「この監督で大丈夫なのか」を知りたいわけです。たとえば、開幕3連勝して勝ち点9、片や1分け2敗で勝ち点1の2チームがあったとします。そのレポートで後者は勝ち点は1だけど、コンセプトはブレていません、たまたまPKや退場があって1分け2敗だけど、我慢しましょう、と。逆に3連勝したチームは、あっちこっちに風が吹くようにフラフラしている。これは1回転んだら危ない。アナリストはそういうレポートを、SDやGMへ渡す。チーム担当だけではなく、外注で受けるアナリストがいるわけです。

――監督にしろSDにしろ、決定する人にはアナリストがつくのが当たり前、というドイツの価値観だったんですね。

庄司　そう、当たり前です。アナリストは参謀として、監督につくと同時にSDやGMにもつく。そういう立ち位置なんですよ。そのドイツの環境で育ったので、それに比べると、日本のアナリストの認知度は低すぎるんです。

日本では監督が、自分の仕事を査定するアナリストを嫌がったりする。チームの分析映像でも、良いシーンと悪いシーン、グッドとバッドを出すけど、バッドを出したら「お前は俺のやり方に文句があるのか」と言われるから、みんなイエスマンになってグッドしか出さなかったり、対戦相手はバッドだけ見せるとか、偏った映像になってしまうんです。イチャモンを付けられると、監督が嫌がるし、SDも一番上の社長も査定できず、判断し切れない。

たとえば、去年の大宮とか、今年のJ1だって札幌とか鳥栖とか、もう決断を出すのが遅すぎるくらい。あれを見ただけでも、軍師、参謀が、SD側にいないのではないかと想像がつきます。それがすごく残念。たとえ監督が代わっても、その人を連れてきたGMやSDが辞めずに残って、今までのコネクションで回し続けたりする。それはオーナーの側にアナリストがいないから、判断できないわけです。僕も色々と現場で経験したこともあるけど、アナリストの分析があって決断に至ることが普通にならなければいけない。僕はドイツ目線だからそう思うけど、そこが一番日本に欠けている。

２００９年頃だけど、あるＪ１クラブでホームゲームの分析映像を撮影する仕事があって、セッティングしていたら、近くにホペイロさんが来て撮影のセットを始めたんですよ。「何してるの？」って聞いたら、「７分の映像にまとめなきゃいけない。分析担当だから」と。彼はチームのミーティングで使われる映像を担当していました。ホペイロは試合前に仕事が終わるからって。驚きましたよ。

――そんな片手間の扱いとは。

庄司　だから、橋谷君に期待しているんだよ。アナリストの認知度を高めて、広げてほしい。

「最初の20分を耐えろ」の真意

庄司　アナリストの仕事と言うと、日本ではまず映像分析やタグ付けだけど、僕のやり方は少し違います。あるクラブで対戦する全チームの分析をやったけど、最初に各チームの先発メンバーのリストを作るんです。シーズンの始めの頃は起用の幅が緩いけど、だんだん固まっていく。不動の先発というか、ここでコンセプトがまとまったな、というとタイミングを見つけて、そこから映像を見ていくわけ。あのチームは何節からこう変わったと、そういう情報を出す仕事だった。

橋谷　なるほど。

庄司　みんなが最初から映像に頼るところを、僕は数字で何か匂わないかと推定を集めるとこから始める。それが僕のやり方だった。

橋谷　庄司さんには天皇杯で栃木シティがコンサドーレ札幌と対戦したとき、相談させてもらいましたが、まさに数字から入ったスカウティングでしたよね。

――それはどんな話ですか？

橋谷　札幌はボール支配率が高くてパス数も多いけど、試合に勝てていなかった。スタッツで言うと、トップ3に入るくらいのハイスコアを叩き出しているにもかかわらず、勝てていないのが気になったのと、そこから庄司さんが以前に本で書いた「日本代表はボール支配率35％でドイツに勝てる」という話が思い浮かんで連絡を取ってみたんです。そうしたら、札幌だけでなく、２０２３年からＪ１全体で同じ傾向が出ていると、庄司さんは資料を送ってくれて。

庄司　ただし、20分頑張らないといけないと話したんだけど、前半7分、16分。20分までに2失点してしまった（苦笑）。

橋谷　いやー。これ庄司さんに言われたなあ。20分耐えろって。札幌が良いときはそれまでに先制しているデータもあって。

――20分耐えるべきと、その根拠は何だったんですか？

庄司　ギリシャが優勝した２００４年のユーロ選手権があったけど、開幕戦でギリシャは開催国のポルトガルと戦った。勝つにはどうするかと言えば、25分頑張る。ポルトガルは地元だけど、25分点が入らなかったら観客が騒ぎ出すから、それまで耐えろと。決勝もポルトガル対ギリシャだけど、また同じことになって、ギリシャが勝った。チームがそういう狙いを持って戦った。その頭があるから、時間で区切って20分頑張れと言ったんだ。

――なるほど。札幌もＪ１チームだし、ＪＦＬ相手に点が入らなければ、アレ？　と雰囲気がおかしくなるから。

橋谷　そうなんですよね、我慢。私も最初の20分を我慢できたら、相手にボールを握られてても自分たちに流れが来ると思っていました。

2失点の後に流れを取り戻して、前半終了間際に1点返すところまで行ったけど、始めの20分以内の失点がなければ、盛り返しはもっと早く起きたかなと。

庄司悟さんが長年ストックしてきた様々なデータ等を参考にしながら対談は進んだ

ただ、意識はしていたんですけど、僕らも普段のカテゴリーではボールを握る側で、どんどん前へ行くチームなので、相手に握られるのは非日常でした（苦笑）。

庄司 そうだよね（笑）。

橋谷 でも、何のデータもなく試合に入っていたら、J1は質が高い、うまくいかなかったで終わっていたと思うけど、情報整理してマインドセットを整えることで、冷静に戦えるのでとても大事だなと思います。

天皇杯のことで庄司さんに相談させてもらって、色々感じました。まずは対戦相手がリーグ全体の中でどういうポジションにあり、どういう傾向にあるのかという情報と、勝っている試合のウイニングデータ、負けている試合のデータをある程度、整理した状態で映像を使った定性分析を行いたいなと。

でも正直、ここまで手を付けられるチームって、あまりないと思います。人がいないし、時間がない。むしろ要らないって言われる可能性があるし、とにかく映像を切ってミーティング用のビデオだけあればいい、という場合もなくはない。色々あって、全体やトレンドにまで目を向けられるアナリストは珍しいと思います。

庄司さんは先日のEURO選手権も分析しているし、昨シーズンに話題になったシャビ・アロンソのレヴァークーゼンも全試合分析してて、トレンドを捕まえていますよね。僕もフットサルのときはリーグ全体の傾向とか、トレンドのキャッチをやったけど、最近はできていなくて。今矢さんは相当オープンマインドな人なので、何でも聞いてくれますけど、いわゆる参謀として監督と話すときには、そういう全体を踏まえた会話ができないといけないんでしょうね。

日本はアナリストの認知度が低い

庄司　僕もこういうトレンドやロジックに関心があって、面白いと言う監督や総監督のところに出向いてきたけど、今時はもういないですね。「庄司さん、S級のライセンス持ってますか？　あなた机上の空で絵に描いた餅を喋るのはうまいし、プレゼンも良いけど、ピッチの経験がないでしょ」って。そればかり。

「監督の脳を見るのにライセンスは要りません」って僕も言っちゃうんだよ。それが刺さって「お願いします」と言う人は、もう日本には片指もいないと思う。

橋谷　日本はアナリストという職の認知が危ういですよね。分析屋と、オンザピッチで指導するコーチが同じカテゴリーで見られてしまう。でも、実際に僕らがやっていることは会社に喩えたら、マーケティングの事業部です。データを扱って、この商品を売るためには全体の市場がこうだから、この数字が大事だと、そういう情報を専門に扱う仕事だと思うんです。それは営業や販売の実働部隊とは役割が違うわけで、サッカーに置き換えても同じだと思います。情報を扱う専門家として、もっと自立というか、認識を広げていかなければいけないです。

僕もよく言われます。「指導できるの？」「僕はアナリストです」って自己紹介すると「コーチできるの？」って。「コーチできるの？」って。

——全然噛み合ってない（笑）。

橋谷　コーチングはできます。オンザピッチでチームの練習を指導することはないけど、選手に対してフィードバックやコーチングをすることはできますよ、と。でも、指導できるの？　という問いは役割が異なるので返し方が難しくなります。僕は分析の専門であり、指導は指導で監督やコーチがいて分業だから、僕はデータや映像を扱う専門なので、そう認識してもらったほうがいいと思います。

庄司　職種の認知度を上げていかないといけない。アナリストがＳＤやＧＭに監督の査定レポートを出す慣例とか、そういうことも含めて。今日はせっかくの最前線というテーマでこんな話をして申し訳ないけど、僕がこれまでどれだけ煮え湯を飲まされたか、それが今のサッカー界のアナリストに繰り返されるんじゃないかと不安視しているところがあるんです。

僕は何年か前にあるＪクラブでプレゼンし

て、オファーをもらったんだけど、金額はいくらだったと思います？　ちゃぶ台ひっくり返そうかと思ったこともある。今時、学生のアルバイトでもそれ以上稼げるような額。あれには本当にがっかりした。どうして月20万でアナリストを雇おうと思うんだろう、って。

橋谷　それはかなりヤバいですね。

庄司　でもね、そういう認知度、立ち位置だってことです。だから橋谷君に頑張ってって言うんです。この国のアナリストの可能性を広げてほしい。

『ミネイロンの惨劇』が起きた理由

庄司　これは今年のユーロ選手権、ラウンド16とクォーターファイナル（準々決勝）のアクチュアルプレイングタイム（実際のプレー時間）だけど、平均で60分16秒だった。Ｊ1はいくつか知ってる？　50分ちょっとなんですよ。Ｊ2は50分を切ります。ちなみに今シーズン、まだ半分くらいですけど、これまでのＪ2の最短プレータイムは34分です。

――34分!?

橋谷　全然サッカーしてない！

庄司　そのことで僕の印象に残っているのが、２０１４年ワールドカップの準決勝のドイツとブラジル、７－１の試合。その前の準々決勝でブラジルとコロンビアが戦ってるけど、その試合のアクチュアルプレイングタイムは39分だった。

橋谷　そんなに低かったんですね。

庄司　結局、相手をリズムに乗らせたくなくて、分断したいから、ファウルをたくさんしてぶつ切りの試合にしてるんだけど、ドイツとの７－１の試合は、ドイツがボールを持ったら1秒以内に離せと。２秒持ったら削られるから、ボールを離して逃げ切ればファウルにならない回数が多くなり、結果、ドイツ対ブラジルのアクチュアルプレイングタイムは64分だったんだ。

橋谷　すごい。

庄司　ブラジルはもう窒息したようなもの。もう走れません、と。

——南米はコパ・アメリカもそうだけど、ファウルが多くて流れがぶつ切りになるので、走行距離や運動量が伸びない。ドイツに苦手な試合に持ち込まれたってことですね。

橋谷　まさにそうですね。あの７－１の試合はパッキングレートの有効性を示す例として挙げていますけど、そっちの要因もあった。

庄司　それまではドイツの平均ボール保持時間は2・8秒くらいだったけど、それを1回あたり1・1秒にしようと。そういう方針が取られて、実際にブラジル戦は1・0秒くらいだった。ボールを持たず、動いて離す。分断されない戦術をブラジル戦で取っていた。

橋谷　その時のドイツ代表は、日本人のアナリストが参加していたんですよね？

庄司　チーム・ケルン（DFBが立ち上げたアナリスト養成プロジェクト）ね。でも彼らの仕事は、ほとんどタグ付け。出場するドイツ以外の31チームのビデオを集めて、それを一人何本かに分けて、フリーキック、コーナーキック、ヘディング、スローインとか、全員をタグ付けして、プレーの癖も入れる。たとえば、この選手はヘディングのジャンプの軸は左とか右とか。今で言うスポーツコードのような映像解析ソフトを使って作っていた。

それが一つの分岐点。チーム・ケルンの真似をして、それから映像のタグ付けが分析屋の仕事という見られ方をした。つまり、映像を取って編集してグッドとバッドを出すのがアナリストの仕事と思われてしまった。

日本代表も今年のアジアカップのときに、筑波と東大の25人くらいが同じことをやった。ドイツからチーム・ケルンを通じて売り込まれた同じソフトで、対戦相手のタグ付けを繰り返す。だけど、それで森保監督の目にまで入るレポートを書けるのかなって。でも結局、それがみんなが知るニュースになっているから、筑波と東大の学生が代表のお手伝いとして分析をしていると思われている。

ああ、また輪をかけて、どんどんアナリストの解釈が狭くなっていく。アナリストがどんどん下層へ行ってしまうと危惧していきます。

――それだとアナリストというか、補助作業をしているだけですね。

庄司　そう。もうＡＩを使えば、簡単にできるようになると思う。人手が要らない。トラッキングカメラもＡＩでしょう。そうなってくると、分析屋の就職先が細く短くなっていっちゃう。僕がドイツから帰ってきたとき、友人に言われたのは「気をつけろ。日本人は情報と水がタダだと思ってるから。お前は喋りすぎる」って。情報はいくらでもタダでもらえると思っている人間ばかりだから、分析屋とかアナリストに金なんて払わなければ払わないほどいいみたいな感じで、でも良い情報はタダでもらおうとするスタンスなのはそうだよなあと。

――それはまずいですね。

庄司　だから橋谷君が今、栃木シティで良い環境にいるんだったら、どんどん頑張ってほしい。アナリストの認識を広げさせるようにしていかないと。タグ付けの映像編集者ではない、という意識付けを始めなければいけない。

橋谷　そうですね。

庄司　この先には監督と同じレベルで話ができる参謀になるのが、お前たち若いアナリストの目標だってこと。いつまでも御用聞きの便利屋で終わるなんて、アナリストじゃない、分析屋じゃない。どんなに良いデータを出しても、アナリストの地位というか認知度が上がらない限りは、やっている意味がないから、そこはバシバシ言ったほうがいい。GMやSDの意識も変わらないし、それだと進歩しようがないから。

本来はオーナーがアナリストを雇って、ちょっとGMやSDを教育してくれとオファーがあってもいいんですよ。SDが2年で3人も監督を代えたりしたら、社長は不審に思わなきゃいけない。でも評価できないから、同じGMがずっと居座って、やめた監督も別のクラブでぐるぐる回っている。そういう習慣は破らなければいけないし、そこに入っていけるのは、アナリストだけだよ。

橋谷　もっと高いところを目指さなければいけないですね。頑張ります。

おわりに

栃木シティのアナリストとして就任し、今矢直城監督が志向するプレーモデルを聞いたときに、それまで自分でも経験したことがなかったにもかかわらず、パッキングレートとインパクトを使ったデータ分析にチャレンジして本当に良かったと思っています。

データを取るのに何時間もかかるのは覚悟していたし、一度始めたらもうやめれないこともわかっていました。間違いなく、やらないほうが楽なのはわかっていました。

でも、あのときに勇気を出して監督に提案して本当に良かった。今なお、とても良い経験をさせてもらえていると思えるからです。

今矢監督は、日々進化していくことを求めています。このチームの選手やスタッフにはその文化が浸透していると思います。

本書の企画は2023年10月に始まり、取材は2023年12月から数回に分けて行ってきました。監督との対談が最後の取材となり、それが完了したのが2024年8月。今、私がこの〝おわりに〟を書いているのは2024年9月中旬になります。

実は取材を終えてからこの分析手法は進化を遂げています。

それは、試合中にパッキングレートとインペクトを収集し、スタッツをリアルタイムに把握できるようになりました。

ハーフタイムでは自チームアナリストが映像のプレイリストを作り、私が前半のスタッツを集計して監督に伝えるというやり方に進化しました。

これまでは試合後でしかわからなかったものが今では試合中のリアルタイムで把握できるようになり、ハーフタイムのフィードバックの精度がより上がり、的確なフィードバックを選手にできていると実感しています。

この進化も本当にやって良かったと思っています。またこの先にも今見えてない景色が見えることを期待しています。

将来、サッカーアナリストを目指す学生、そしてデータ分析を取り入れたい指導者の方は、まずスモールスタートでいいので、何かデータを溜め込んで可視化するところから始めてみてください。

そうすれば、きっとデータの使い方や解釈の仕方などについて、今見えてないものが見えてくると思います。

アナリストは今見えてないものを可視化する人です。それを実行するための手段がデータ分析です。

私もこれからも日々進化をするために前に進んで行きたいと思います。

最後になりましたが、本書を出版するにあたり対談をしていただいた庄司悟さん、今矢監督、書籍制作のきっかけをくれた鈴木康浩さん、ライターの清水英斗さん、東洋館出版社の吉村洋人さん、書籍制作開始から約1年、私の仕事の支障にならないように取材を進めていただきまして本当にありがとうございました。

そして、これまで私とともに仕事をしたフットサルの指導者の皆様にも感謝を申し上げます。

特にFリーグのバルドラール浦安の指導者の皆様、2015年フットサル女子代表の監督を努め、ともに仕事をしたモンテディオ山形アカデミーのフットボールコーディネーターの在原正明さん、フットサル日本代表監督の高橋健介さん。

フットサルという言語化が進んだロジカルなスポーツでアナリストを始めたからこそ、そして、本当に優秀な指導者の皆様とともに過ごした日々があったからこそ、今、サッカーアナリストとして活動できていると思います。

本当にありがとうございます。

2024年9月　橋谷英志郎

[著者] 橋谷英志郎（はしや・えいしろう）

1985年1月17日、千葉県生まれ。サッカー、フットサルで現役を終えたあと、バルドラール浦安やフットサル日本女子代表にて、GKコーチやアナリストなど歴任し、フットサルのアナリストとして第一人者に。2022年からは、栃木シティフットボールクラブのヘッドアナリストに就任。栃木シティの全国地域チャンピオンズリーグ優勝、JFL昇格に大きく貢献し、Jリーグ入りを目指すクラブをアナリストとして現在も陰から支える。

装　丁……………………　小口 翔平 + 嵩 あかり（tobufune）
本文デザイン・DTP………　松浦 竜矢
協　力……………………　株式会社 THE TOCHIGI CITY UNITED
編集協力…………………　鈴木 康浩
編　集……………………　吉村 洋人

ピッチ上の真実

ゲームの印象を整えるためのシン・サッカー分析術

2024（令和6）年12月10日　初版第1刷発行

著　者　橋谷 英志郎

構　成　清水 英斗

発行者　錦織 圭之介

発行所　株式会社 東洋館出版社

〒101-0054　東京都千代田区神田錦町2-9-1
コンフォール安田ビル 2F

（代　表）　TEL 03-6778-4343　FAX 03-5281-8091
（営業部）　TEL 03-6778-7278　FAX 03-5281-8092
URL　https://toyokanbooks.com/
振替　00180-7-96823

印刷・製本　株式会社シナノ

ISBN　978-4-491-05672-2 / Printed in Japan